孤独なバークリ

●非物質論と常識

山川 仁
Masashi Yamakawa

Lonely Berkeley

ナカニシヤ出版

はじめに

本格的に哲学の研究を始めるようになってからは、あまりそのようなことを考えなくなったのではあるが、以前、私はつぎのようなことを考えることがよくあった。それは、決まってみなが寝静まって、部屋の外からほとんど騒音などが漏れてこない深夜に自分の部屋で一人起きているようなときに、私がいま目にしている部屋を囲む壁の内側にベッドなどのさまざまな物の世界が存在するのはまさに確かだと言えるが、その外側は、まったくなにもない、喩えて言えば、暗黒の世界のようなものになっているというようなことはないだろうか、といったことだった。

私がこのようなことを考えがちであったのは、自分自身の幼い頃の経験によるのかもしれない。ずいぶん昔のことなので、その記憶自体も曖昧になっているのだが、おそらく小学校低学年の頃に、自宅の浴室で目をつぶってシャンプーをしていたところ、ふたたび目を開けてみたら目の前が真っ暗闇になっていて、大声を出して驚いたということがあった。ちょうど目をつぶっていた間に停電になっていたのである。このような偶然の出来事が本当に自分の身に降りかかったことなのか、いまの自分には正直言ってあまり自信がないのではあるが、ひょっとするとそのような経験がのちの自分に大きな影響を与えたのか、私は、けっこうな年齢になるまで、たまにしっかりと目をつぶって浴室でシャンプーをしたりすると、いま自分の身の回りはなにも存在しない世界になっているのかもしれないなどと考えてしまって、ふたたび目を開ける瞬間に、目の前が目をつぶる前と同じままあるのか、あるいは、なにもない暗黒の世界のようなものになってしまっているのか、半ば賭けのような気持ちになったことがしばしばあった。

たしかに、私たちは、なにかがある、あるいは、あるものが存在するということを確信するとき、それを見たり聞いたり触れたりすることをもって、そのような確信を抱いていると言えるだろう。たとえば、私がここのところすこぶる気に入っているが、本当に惜しくも二〇一七年三月末に解散したエスペシア（Especia）というガールズグループの動画や音楽をスマートフォンで見たり聴いたりして楽しんでいるとき、彼女たちの楽しげですてきなパフォーマンスの映像やおしゃれでかっこよくてすばらしい音楽、そして、それらを再生するスマホなどが存在していることを私はまさに確信していると言える。それに対して、私が「ちっさいおっさん」などと呼ばれる小さな妖精のようなものは存在しない、あるいは、それは人びとのたんなる妄想や幻覚にすぎないなどと思っているのは、少なくとも私はいままでそのようなものを自分の目で見たりとか、そのようなものの声を耳で聞いたりしたことがないからだ。

だとすれば、あるものが存在するということは、まさにそれが見たり聞いたり触れたりといった仕方で知覚されることなのではないか。そのように考えられるかもしれない。そして、本書が主題として取り上げるジョージ・バークリという思想家は、まさに「(心以外のものが) 存在することは知覚されることである」というテーゼを彼の哲学における鍵となる考え方として取り入れたことで知られる人物である。あとで述べるように、バークリは、古典的イギリス経験論を代表する哲学者の一人として、社会哲学者や倫理学者などとしてもよく知られるジョン・ロックやデイヴィッド・ヒュームとしばしば同列に紹介されるが、その三者の中でバークリは一般的にはあまり知られていない存在だと言ってよいだろう。とはいえ、バークリと彼の「存在することは知覚されることである」というテーゼは、たとえば日本の高校の（少なくとも一部の）倫理の教科書でも紹介されているし、また、二〇一六年度大学入試センター試験（倫理）において、このテーゼを唱えた人物がだれかを問う設問でバークリが取り上げられているといったことなどから、ここ日本において、あまり哲学になじみがない人にとっても、少なくともここ最近においては、バークリは、少しは知られる存在であると言えるのかもしれない。

しかし、専門家による評価や理解は別として、国内外を問わず、一般的にバークリの哲学がどれほど忠実に理解されているかを考えてみれば、状況はあまり好ましいものではないように思われる。たとえば、一時期、有名な歴史的哲学者の学説を一般向けに手短に紹介した書物を複数出版したことで知られるポール・ストラザーン（ちなみに、彼はバークリが学んだアイルランドのダブリン大学トリニティ・コレッジの出身者である）は、『90分でわかるバークリ（*Berkeley in 90 Minutes*）』において、つぎのように述べている。少し長い引用になるが見てみよう。

バークリは哲学に汚名を着せる類いの哲学者だ。はじめて彼の著作を読むと、あなたはそれをばかばかしいものと思うだろう。そして、そのとおりにあなたは正しいのだ。バークリ哲学では、物質の存在が否定されている。彼によれば、物質的な世界などはない。（略）哲学が長い間にわたって常識に縛られたままでいることはできなかったというのはおそらく不可避のことだったのだろう。（略）バークリによれば、もしわれわれの知識がもっぱら経験に基づいているのだとすれば、われわれが知ることができるのはわれわれ自身の経験だけである。実際に、われわれは、世界について知っているのではなく、ただ世界についてのわれわれの個々の知覚を知っているのみである。そうであれば、われわれが知覚しないときに、世界にはなにが起こっているのか？われわれに関するかぎり、たんに世界は存在するのをやめている。だから、バークリによれば、あなたがなんらかのものを見ていないときには、それはそこには存在していない。このような立場はつぎのような幼児によって採用されている。それは、もうこれ以上ほうれん草とプルーンピューレ〔＝離乳食〕を食べたくないときに、目を閉じるような幼児のことだ。しかし、われわれが成長して、ほうれん草とプルーンを別々に食べる（あるいは、まったく食べない）頃には、われわれはたいていそのような態度から抜け出してしまっている。しかし、バークリはそうではなかった。彼によれば、もしわれわれが見たり、あるいは、触覚や嗅覚のような他の仕方で知覚したりするのでなければ、木はそこに存在していないのである。だとすれば、木はどうなっているのか？　彼は、神を恐れる人間で、やがて主教となった人物だ。（略）われわれが世界が存在しているのを知ることができるのは、われわれが世界を知覚しているときのみだ。しかし、われわれが世界を直接知覚しているのではなくても、世界はすべてを見ている神の継続的な知覚によって支えられている。バークリの経験論的な結論（絶え間のない実在はない）と彼の驚くべき解決策（つねに存在する神）はほとんど詭弁に聞こえる。（Strathern, 2000, 7–10）

ここで言われているように、一般的なバークリ理解によれば、彼の「存在することは知覚されることである」というテーゼによって、以前の私がまさにそうかもしれないと思っていたように、私が知覚していない部屋の外の世界や私が目を閉じてシャンプーしている間の私の身の回りの世界は端的に存在しないことになると考えられている。そして、のちに見るように、バークリは、われわれが知覚していないときに、たとえば、ある木は神の継続的な知覚によって存在させられているといった考え方を示すのであるが、そのような考え方はアドホックなもの（その場しのぎのために導入された詭弁）として理解されていることがわかる。

このように、「存在することは知覚されることである」というテーゼによって、バークリは常識とは程遠い学説を唱えた哲学者であると少なくとも一般的にはみなされているのだと言える。すなわち、以前の私がそう考えていたように、ひょっとすると、私が知覚していない間に、身の回りの世界がまったく存在していないというような可能性をバークリは認めていたというのが彼の哲学に対する一般的な理解だということである。

それだけではなく、もし「存在することは知覚されることである」という考え方によって、世界とは私の意識と私の意識に現れるものにすぎないと考えられるのであれば、世界とはまさに私や私が知覚するものであって、それ以外にはなにも存在しないという独我論と呼ばれるような哲学的立場にバークリは肩入れしていたと考えられるかもしれない。ふたたびストラザーンの言葉を見てみよう。

> バークリの経験論によって、彼は独我論者であることを余儀なくされる。それは自分だけが世界に存在すると信じる者のことである。結局のところ、もし私の経験だけが実在のものだとすれば、私はどうやって他のだれかが存在していることを知りうるのか？　私がだれか他の人を見ているとき、私が経験しているすべてのものはさまざまな印象の集合体である。このことから、常識によって、私はつぎのように推論するかもしれない。このような他の人物が存在するのは、まさに私が存在しているのと同じような仕方であろう、と。しかし、そのようなことを私は実際に経験しているわけではない。それは、私の知覚のいずれのものにも基づいてはいない想定である。
> (Strathern, 2000, 17–18)

同じく歴史的哲学者の入門書シリーズ（Wadsworth Philosophers Series）である『バークリについて（*On Berkeley*）』の巻では、バークリの立場がいわゆる独我論とみなされかねないこと、しかし、バークリが実はそのような立場を批判しようとしていたことについて、つぎのように述べられている。

自我‐中心的な状況を深刻に捉え、いかにしてさまざまな物が世界において互いに独立して存在するかということを判断したり知ったりするための基礎を見出すことができないと考える人はみな独我論に肩入れしているように見える。このような学説は、存在するのは、あるいは、存在すると知られうるのは、独我論者の心とその内容だけとするものである。独我論は懐疑論の中でもとりわけ強力な形態のものであり、まさにバークリが（懐疑論と無神論に反対する）『ハイラスとフィロナスの三つの対話』の中で立ち向かおうとした種類のものである。(Umbaugh, 2000, 13)

以上で見てきたような、バークリが採用していると一般的にみなされている考え方、つまり、私が知覚していないときに物ないし世界はまったく存在していないとか、私や私に現れる知覚世界以外にはなにも存在しないといった考え方は明らかに私たちの常識的な物の見方に反するものだと言えるだろう。しかし、本書でこれからくわしく見ていくように、バークリはまさにわれわれ一般大衆に寄り添い、われわれの「常識」を擁護するということを自らの立場として強く打ち出していたのである。そして、もし彼の言う常識には、つぎのような考え、たとえば、私が知覚しないときも世界は存在し続けているし、私や私が知覚するもの以外にも存在するものは認められるといったことが含まれていたのであれば、一般大衆に寄り添い、世間の常識を擁護することを彼自身の哲学の大きな柱の一つとしたバークリは、まさに彼が側に寄り添うことを意識した大衆からの理解を得られなかったという意味で、たいそう皮肉なことに、「孤独な」哲学者だったということになるだろう。そして、そのような意味でバークリがまさに孤独な哲学者だったということは、イギリスにおける代表的な哲学研究者であるサラ・ハットンによるつぎのようなバークリについての記述からも理解することができる。

バークリは、ロック以後において、疑いなくもっとも独創的な哲学者であった。しかし、彼は、独創性と影響力が手を取り合うとは限らないという歴史的真理の例証となった人物でもあった。彼は物質的実在の存在を否定する懐疑論者であるとほぼ遍くみなされたのだが、彼は彼自らが批判した経験論哲学者〔＝たとえば、ロック〕以上に懐疑論的であるとみなされたのである。
(Hutton, 2015, 222)

そこで、本書が以下の各章で目指すのは、以上のようなバークリに対する一般的な理解（誤解）とは違って、彼の哲学はわれわれ一般大衆が当たり前のように抱く物の見方に寄り添ったものであり、そこには世間の人びとが当たり前のこととして暗黙のうちに信じていることがらをすくい取ることができるような考え方が含まれているということを可能なかぎり示すことによって、まさに「常識的な」バークリ像を提示しようとすることである。そして、もし人びとが当たり前のように信じている物の見方とはほど遠いものと誤解されてきた、まさに「孤独なバークリ」像を、より大衆の意見に寄り添ったものである「常識的なバークリ」像の方向へと振り向けることができるのだとすれば、本書の目的は叶えられたということになるであろう。

[凡例]

（1） バークリの著作からの引用ないし参照については、以下のルース・ジェサップ版バークリ全集を使用した。

Berkeley, George. 1948–57. *The Works of George Berkeley*, Bishop of Cloyne, 9 vols. eds. A. A Luce and T. E. Jessop. London: Thomas Nelson.

（2） 上記の全集のうち、参照する文献と参照指示のための略記の仕方は以下のとおりである。

Philosophical Commentaries.（*PC* 項目番号）文中では『注解』と略記。

An Essay towards a New Theory of Vision.（*NTV* 節番号）文中では『新説』と略記。

Introduction to *A Treatise concerning the Principles of Human Knowledge.*（*PHK* Intro 節番号）文中では『原理』序論と略記。

A Treatise concerning the Principles of Human Knowledge（Part I）.（*PHK* 節番号）文中では『原理』第一部と略記。

Three Dialogues between Hylas and Philonous.（*DHP* I – III の対話番号 同著作が収録されている *Works* vol. 2 の頁数）文中では『対話』と略記。

Alciphron, or the Minute Philosopher.（*Alc* I – VII の対話番号 同著作が収録されている *Works*, Vol. 3 の頁数）文中では『アルシフロン』と略記。

The Theory of Vision... Vindicated and Explained.（*TVV* 節番号）邦語では『弁明』と略記。

Siris.（*Siris* 節番号）文中では『シリース』と表記。

全集内の上記以外の著作や全集編集者による解説文に対する参照指示（*Works* 巻数 頁数）

＊

『原理』第二版と『対話』第三版（ともに一七三四年）における加筆箇所を表わす記号として、Bという記号を付す。例：*PHK* 27 B, *DHP* III 233 B

『対話』における二人の登場人物（物質論者の立場を代表する対話者ハイラスと非物質論者の立場を代表する対話者フィロナス）の会話のうち、とくにフィロナスの発言については、基本的にバークリ自身の立場を代表しているものとみなして引用する。

上記著作を訳出するにあたって、巻末の参考文献表内の「①バークリ自身による文献」に記載した邦語訳を参考にした。

（3） バークリ以外のおもな古典的著書で、引用ないし参照したものは以下のとおりである。

Descartes, René. 1982. *Discours de la Méthode*, éds. Charles Adam et Paul Tannery, *Oeuvres de Descartes*, Vol. VI. Paris: Librairie Philosophique J. Vrin.

Malebranche, Nicolas. 2006. *De la Recherche de la vérité*, Livre I–III. ed. Jean-Christophe Bardout. Paris: Vrin. [Malebranche, Nicolas. 1997. *The Search after Truth*, translated by Thomas M. Lennon and Paul J. Olscamp. Cambridge: Cambridge University Press.]

Locke, John. 1975. *An Essay concerning Human Understanding*, ed. Peter H. Nidditch. Oxford: Oxford University Press.

Hume, David. 2000. *A Treatise of Human Nature*, David Fate Norton and Mary J. Norton eds. Oxford: Oxford University Press.

Kant, Immanuel. 1998. *Kritik der reinen Vernunft*, ed. Jens Timmermann（Philosophische

Bibliothek, 40). Hamburg: Felix Meiner.

———. 1969. *Prolegomena zu einer jeden künftigen Metaphysik*, ed. Karl Vorländer (Philosophische Bibliothek, 505). Hamburg: Felix Meiner.

Reid, Thomas. 2010. *Essays on the Active Powers of Man*. eds. Knud Haakonssen and James A. Harris. Pennsylvania: The Pennsylvania State University Press.

（4） 上記文献の略記の仕方については、以下のとおりである。

Discours de la Méthode（*ATVI* 同著作が収録されているアダン・タヌリ版デカルト全集 Vol. VI の頁数）

De la Recherche de la Vérité（*Recherche* 巻．章．節）

An Essay concerning Human Understanding（*Essay* 巻．章．節）

A Treatise of Human Nature（*THN* 巻．部．節）

Kritik der reinen Vernunft（*KRV* フェリックス・マイナー社哲学文庫版の頁数）

Prolegomena zu einer jeden künftigen Metaphysik（*Prolegomena* フェリックス・マイナー社哲学文庫版の頁数）

Essays on the Active Powers of Man（*EAPM* ペンシルヴェニア州立大学出版局版の頁数）

（5） 上記著作を訳出するにあたって、巻末の参考文献表内の「②その他の著作ないし参考文献」に記載した邦語訳を参考にした。

（6） 原典引用文中のイタリックには傍点を付す。

（7） 原典引用文における著者による補足説明箇所は亀甲括弧〔 〕で示し、それ以外の箇所の補足説明については、通常の括弧（ ）を用いた。

孤独なバークリ——非物質論と常識——＊目　次

孤独なバークリ——非物質論と常識——

序章　本書の課題と方法と構成

1　課　題

ジョージ・バークリ（George Berkeley, 1685–1753）は一八世紀前半に活躍したアイルランド出身の思想家である。本書は、バークリ自らが「非物質論（immaterialism）」（*DHP* III 255, 257, 259–260）と呼んだ哲学体系を考察の対象とする。一般的な哲学史的理解として、バークリは、ジョン・ロック（John Locke, 1632–1704）からデイヴィッド・ヒューム（David Hume, 1711–1776）へと至る思想の流れの中で、経験論哲学がより徹底される過程の中間段階を担った哲学者として記述されることが多い。とはいえ、彼は、哲学者であっただけでなく、イギリス国教会の主教（bishop）という立場に就くまでに至った聖職者でもあり、そのことが彼の哲学の一つの大きな特徴として現われていることは疑いない。そして、バークリの非物質論が伝統的に「観念論(idealism)」と呼ばれてきていることからも容易に理解されるように、(1)彼の哲学は後続するいわゆる観念論哲学の原初的形態とみなすことができ、そのような点においても、彼の哲学は、西洋哲学史において固有の位置を占めるものであるとともに、その影響力はけっして無視できないものだと言えるだろう。(2)

そのようなバークリの哲学には、一見すると互いに矛盾なく理解するのが困難であるように思われる複数の主張や論点が見出される。そして、そのことによって、彼の同時代以降、多くの読者や解釈者はおおいに悩まされてきた。今日においても、バークリ哲学における複数の根本的な主題においてさえ、まったく相対立する複数の見解が並存し、解釈の一致を見るような論点はあまりないような状況にある。このような研究事情を踏まえ、本書において、私は、非物質論と呼ばれるバークリの哲学体系を考察の対象とするにあたって、既存の解釈に対する一つの代案となりうるようなバークリ理解を付け加える試みを目指したい。

そこで、バークリの非物質論を理解するにあたって、本書がとりわけ考察の対象とする主題についてあらかじめ述べておこう。非物質論という言葉が端的に示すように、第一に、この説には「物質(matter)」(これが意味するところのものについては、後述する)の存在を否定する議論が含まれている。第1章で示すように、バークリは彼の説の一つの目的として懐疑論の論駁を掲げており、彼による物質の存在を否定する議論は、一つにはそのような目的との関係で行なわれている。とはいえ、彼の非物質論はたんに物質の存在を否定するという消極的な側面だけから成るのではない。そうではなく、彼の説には、物質の存在ないし想定を用いずに、世界におけるさまざまな現象を説明しようとする積極的な側面もある。本書がおもに焦点を当てて考察するのは、非物質論における後者の側面に関することがらである。

バークリが非物質論におけるそのような積極的な課題を遂行しようとする際にとくに留意していると考えられるのが、一般大衆が抱く常識である。あとで見るように、彼は、彼自身の説が一般大衆に味方するものであり、彼自らが常識の擁護者であるという立場を明確にしている。ところが、彼が提示している非物質論の基本的な原理ないし前提からは、一見して、われわれ一般大衆が素朴に抱く常識的信念に反することが帰結するように思われる。そこで、バークリ哲学を理解しようとする際に、はたして彼の非物質論は一般大衆が素朴に抱く常識的信念と相容れるのか、さらに、もしそのことが可能だとすれば、それらはどのような仕方で互いに両立しうるのか、といったことは大きな課題となるように思われる(3)。そして、このような課題は、非物質論を理解する上で避けて通ることはできないものであるように思われる。そこで、私は、つぎのことをおもなテーマとして取り扱うことにしたい。すなわち、バークリの非物質論は彼の同時代から現代に至るまでの一般大衆が素朴に思い抱くはずの常識的信念と相容れるのか、もしそのことが可能であれば、それらはどの程度にまで調和するものなのか、また、それらが互いに相容れる仕方があるとすれば、それはどのような説明によって可能になるのか、といったことである。

その際、本書が用いる「常識」という用語に関して、注記しておきたい。バークリは、おもに彼の非物質論を展開した著作や彼の私的なノートにおいて、「常識（common sense）」という語をたびたび用いている。とはいえ、彼は、彼自らがその語によってどのようなことを意味しているのかを明確にしているわけではない。現代において、「常識」という言葉は、人びとが最低限の教養として身につけているべき知識や価値判断などの規範に関する共通了解のようなものを指して用いられることが多いであろう(4)。しかし、本書がとくに非物質論の積極的な側面を検討する際に着目する「常識」は、より広い意味で、ありふれた日常生活を営むわれわれ一般人が、日々の暮らしの中で、そのことを意識するにせよ意識しないにせよ、暗黙のうちに思い抱いているはずの基本的な信念のことを意味するものと想定したい。そして、本書が考察の対象とする非物質論における積極的な課題の成否を吟味する上で鍵となるのはまさにこのような意味での常識であり、バークリ解釈において伝統的に問題にされてきたのもそのような意味での常識だと考えて問題はないだろう。そこで、本書では、そのようにわれわれが日常生活において素朴に思い抱くはずの基本的な信念のことを「常識」と呼び、バークリの非物質論とそのような意味での常識とがどの程度調和しうるのか、また、そのことはどのような解釈を導入することによって実現されうるのかをおもな検討課題にしたい。

2　方　法

続いて、上記の課題に接近する際の方法に関して、本書では、以下の方針に沿って論述を行なうことを断わっておきたい。それは、第一には、おもに参照するテキストに関することであり、第二には、文献解釈上の方法に関することである。そのような方針を示すためには、バークリの非物質論に関係する文献についての事情を説明する必要があるので、先にそのことについて述べよう。専門家の間ではよく知られるように、バークリは、彼の「英雄時代（heroic period）」（Cf. Berman, 1994, 21–70）と称される二〇歳代に、彼の主著と目されている三つの作品を著わしている。それらは、『視覚に関する新説に向けての試論（*An Essay towards a New Theory of Vision*）』（一七〇九年）、『人間の知識の諸原理に関する論考（*A Treatise concerning The Principles of Human Knowledge*）』（一七一〇年）、『ハイラスとフィロナスの三つの対話（*Three Dialogues between Hylas and Philonous*）』（一七一三年）である（以下、本文中ではこれらの著作を『新説』、『原理』、『対話』と略記する）。『新説』はおもに視覚に関する問題を題材とした書物であり、『原理』はバークリが彼独自の非物質論をはじめて公にした書物である。『対話』は、不評をもって受け入れられた『原理』の内容を補完する意図をもって著わされた作品だと考えられる（Cf. Luce, 1992, 52; Pappas, 2008, 249）。そして、非物質論という学説が練り上げられる過程を知る上でとりわけ重要な文献として、バークリが刊行を意図せずに記した私的ノートである『哲学注解（*Philosophical Commentaries*）』がある（以下、本文中では同著を『注解』と略記する）。とくに『注解』は、『新説』や『原理』を記すための予備考察的性格を持つ覚え書きであり（Luce, 1949, 47）、そこには大きな思考上のばらつきや変化がはっきりと認められる。また、視覚観念と触覚観念との関係に関する考察が主要なテーマとされている『新説』は、われわれの奥行き知覚を中心としたかなり限定的な問題を扱っているということからして、非物質論へと至る中間地点に位置するものと考えられる著作である（Cf. Luce, 1992, 48）。また、バークリの中期以降の著作で、彼の哲学に関係するものとして取り上げられるテキストとしては、『運動について（De Motu）』（一七二一年）、『アルシフロン、あるいは、ささいな哲学者（*Alciphron, or the Minute Philosopher*）』（一七三二年）[5]、『視覚説　立証と弁明（*The Theory of Vision... Vindicated and Explained*）』（一七三三年）、『シリース（*Siris*）』（一七四四年）があるが、これらは必ずしも彼の非物質論という哲学体系の提示が中心的な目的とされているわけではない[6]。このようなバークリの哲学的著作に関する事情から、本書は、バークリの非物質論を考察するにあたって、彼が明確に公刊することを意図し、かつ彼の非物質論の開示が中心的な主題とされている『原理』と『対話』をおもに依拠するテキストとして用いることにしたい[7]。これが先ほど述べた、本書の論述を行なう上での方法上の第一の方針である。

つぎに、本書が論述を行なう際の方法における第二の方針について述べよう。このことは、上述の第一の方針とも少なからず関連するのだが、バークリ研究における具体的な事情とより関わりが深いため、そのような事情についても簡単に触れておきたい。先に述べたように、『注解』はバークリ自身がたどった思考の変遷の過程を如実に伝える私的なノートであり、そこに見られるさまざまな記述のいずれのものがバークリの最終的な見解に適うのかを逐一特定するのは容易な作業ではない。そして、それと類似した事情として、一七三四年に、『原理』第二版と『対話』第三版において重要な加筆が行なわれたというのが重要なことがらとして挙げられる。第1章1でも確認するように、それは「思念（notion）」という概念装置の導入であるが、そのことを額面どおりに受け取ると、バークリ中期に当たる『原理』第二版と『対話』第三版改訂時においては、そのような新しい存在者ないし概念装置が想定されているという点で、当初の非物質論の枠組から思考の変化が生じたということになるように思われる。このように、一見すると、ともに非物質論の開示を主たる目的として公刊された『原理』と『対話』には一貫した体系が含まれているように思われるが、そのことは必ずしも自明だというわけではない。[8] そして、バークリ研究においては、そのように目立った加筆箇所や非物質論全体の整合性を総合的に判断した結果、『原理』と『対話』に見られる特定の主張や概念を無効なものとみなして消去したり軽視するような方向の解釈がなされたり、あるいは、バークリは、彼の真意としては、それら両著作における特定の主張や考え方を認めていなかったというような理解がなされる場合がある。[9] そこで、本書の論述を行なう上での方法上の第二の方針として示したいのは、つぎのことである。すなわち、バークリの非物質論を検討する上で『原理』と『対話』をおもな参照テキストとするにあたって、それらの最終版において示されている主張や考え方などは基本的に彼が彼自身の議論にとって必要なものとして容認しているものとみなし、通時的な観点からバークリの思考上の変遷を問題にするというよりはむしろ、そこで示されているさまざまな主張の集まりを一貫した体系を成すものと仮定して、それらの主張の間の内部連関をおもに吟味するということである。そのことに伴って、少なくとも議論の途上においては、それらの主張の中の特定のものをはじめから無効なものと想定しつつ論述を行なうような方針は採らないことにしたい(10)。

最後に、本書が検討の対象とするバークリの文献に関することがらについて付け加えておこう。上述のように、『注解』はバークリの私的なノートであるという性格から、そこには思考の変化やぶれがそのまま反映されており、そこに見られるどの主張が彼の最終的な真意に適ったものであるのかを特定するのに困難な場合が少なくない。しかし、『注解』は彼の非物質論を理解する上でたいそう有益であるので、私は、『原理』と『対話』への参照を中心としながら、『注解』における記述についても補助的に参照することにしたい。また、上で挙げたそれ以外の著作についても、本書が取り上げるテーマとの関連で参考になる場合には、その都度参照することとしたい。

3 構成

序章の締めくくりとして、本書の構成とそこで検討される課題について、あらかじめ簡単に示しておくことにしよう。

第1章では、第2章以降で本書が検討する課題に取り組むための予備考察として、バークリの非物質論の基本体系がどのようなものであるのかを確認する。非物質論の目的と基本枠組がどのようなものであるのかを見た（1）あとに、非物質論を構成する基本原理と考えられている四つのテーゼがどのようなものかを確認し（2）、非物質論の消極的な側面である物質否定の諸議論がどのようなものであるのかを把握する（3）。

第2章から第5章までは、バークリが言うところの可感的な物（われわれの身の回りの日常的な対象）の存在のあり方に関するわれわれの常識的信念が彼の非物質論の体系においてどのように容認されうるかを可能なかぎり検討していく。以下の各章では、つぎの順で個々の課題についての検討が行なわれる。

第2章では、「非物質論における可感的な物はわれわれが常識的な意味で実在すると認めるようなものなのか？」（可感的な物の実在性に関する問題）という課題が検討される。

第3章では、「非物質論の下で、われわれは可感的な物を直接知覚すると言えるのか？」（可感的な物に対する感官知覚の直接性に関する問題）という課題が検討される。

第4章では、前半部（1〜3）において、「非物質論において、われわれが知覚しないときも、可感的な物は継続して存在するのか？」という課題（「可感的な物の継続的存在に関する問題」）が、後半部（4、5）において、「非物質論において、われわれは同じ可感的な物を知覚できるのか？」という課題（「可感的な物の公共的存在に関する問題」）が検討される。

第5章では、「非物質論において、未来に知覚されるであろうことがらの把握はどのように説明されることになるのか？」という課題（「未来における可感的な物の存在に関する問題」）が検討されたあとに、補論として、「過去において知覚されたことがらがバークリの説においてどのように認められうるか？」という問いに対する簡単な見通しが示される。

第6章は、第2章から第5章までとは変わって、「非物質論の体系において、心の存在に関するさまざまなことがらがどのように認められるのか?」(心の存在に関する問題) という課題が検討される。私の心の存在 (1)、他の心の存在 (2)、心の意志の働き (3) をバークリはどのような説明の仕方で是認するのかを順に確認し、最後に、「非物質論において、観念と心は独立した存在者でありうるか?」という課題 (観念と心の存在の相異性に関する問題) を検討し、バークリの非物質論を構成する基本原理のうちで伝統的に無効なものとみなされがちである相異性テーゼ (観念と心は独立した存在者である) を彼の体系に認める解釈の可能性が提示される。

以上の検討内容を踏まえて、第7章では、非物質論の哲学史的観点からの意義 (1)、非物質論の現代における意義 (2) について私見を示すことにしたい。

(1) バークリの同時代に、彼のことを「観念論者 (idealist)」と分類した人物としてはクリスチャン・ヴォルフ (Christian Wolff, 1679–1754) が挙げられるが、ヴォルフによるこのようなラベリングはかなり早い段階での一つの事例と考えられている (Cf. Bracken, 1959, 19; McCracken and Tipton, 2000, 5)。

(2) ただし、A・A・ルースのように、バークリが広い意味での観念論者であることを認めつつも、彼をカント (Immanuel Kant, 1724–1804)、ヘーゲル (Georg Wilhelm Friedrich Hegel, 1724–1804)、ブラッドリー (Francis Herbert Bradley, 1846–1924) などと同列に扱うことを誤りと考え、バークリを観念論者と分類することを基本的には好まない論者もいる (Luce, 1968b, 25–29)。

(3) たとえば、S・セス・ボードナーは「バークリ研究者らは、バークリの哲学体系と常識とがいかに関係するかという問いを取り扱うことにほとんど抵抗することができない」(Bordner, 2011, 315) と述べている。

(4) 「常識 (common sense)」ということに関して、たとえば、中村雄二郎（一九二五-二〇一七年）は、つぎのように述べている。「たしかにコモン・センスには、社会的な常識、つまり社会のなかで人々が共通（コモン）にもつ、まっとうな判断力（センス）という意味があり、現在ではもっぱらこの意味に解されている。けれどももともと〈コモン・センス〉とは、諸感覚（センス）に相渉って共通（コモン）で、しかもそれらを統合する感覚、私たち人間のいわゆる五感（視覚、聴覚、嗅覚、味覚、触覚）に相渉りつつそれらを統合して働く総合的で全体的な感得力《センス》、つまり〈共通感覚〉のことだったのである」（中村、一九七九、七）。

(5) バークリは、いわゆる「英雄時代」を経て、一七二八年にアメリカ大陸（ロードアイランドのニューポート）に渡り、バミューダ諸島（ニューヨークの南東一二〇〇キロメートルの大西洋上に位置する現在も英国領の島々）に先住民や入植者の子弟を布教し教育するための大学を創立しようとする「バミューダ計画（Bermuda project）」（Luce, 1949, 94-114）に参画した。しかし、その計画は財政上の理由で頓挫し、彼は一七三一年にロンドンに帰還することになる。そのアメリカ滞在期間中に、そのほとんどないしすべての部分が執筆された著書が『アルシフロン』である（Cf. Berman, 1993, 1）。同書の初版と第二版が一七三二年に、第三版が一七五二年に出版されたが、それらの表紙には『アルシフロン、あるいは、ささいな哲学者（*Alciphron, or the Minute Philosopher*）』という表題に加えて、「自由思想家と呼ばれる人たちに対して、キリスト教のための護教論が含まれる（*Containing an* APOLOGY *for the* Christian Religion, *against those who are called* Free-thinkers）」という副題が付けられている。このように、『アルシフロン』は、おもにキリスト教を擁護する目的の書物である。なお、表題にある「ささいな哲学者（*Minute*

Philosopher）」という語句における「ささいな（minute）」という言葉には、「微小な、微細な」といった量的規模を表わす意味に加えて、「ささいな、取るに足らない」といった否定的なニュアンスが込められていると考えられるが、それと同時に、その言葉はバークリが否定する「粒子仮説（corpuscular hypothesis）」を暗示するものと考えることができるかもしれない。「粒子仮説」については、第1章注（4）を参照。

（6）『運動について』は、物体の運動に関する自然学的な考察がおもなテーマとされている。『アルシフロン』は、前注で確認した同書の副題にもあるように、当時流行していた自由思想に反対し、キリスト教を擁護することを主眼とした書物で、そこにはシャフツベリ（Anthony Ashley Cooper, 3rd Earl of Shaftesbury, 1671-1713）やマンデヴィル（Bernard Mandeville, 1670-1733）の道徳哲学に対する批判も含まれている。自由思想家とは、教会や大学の恩恵を受けずに活動した一七世紀後半から一八世紀における新種の哲学者のことで、哲学的な自由思想（philosophical libertinism）とは、しばしば理神論として特徴づけられる考え方のことである（Cf. Hutton, 2015, 209-210）。なお、「理神論（deism）」とは、いずれかの啓示宗教を受け入れることなく、唯一の神を認める見解と定義される立場である（Cf. *Works* III 4）。『アルシフロン』は、哲学的には、同書第四対話における形而上学（神の存在証明）と第七対話に含まれる言語や人間の自由意志についての考察について取り上げられることが多い。『視覚説　立証と弁明』は『新説』と同様に視覚に関する問題が中心テーマとされている。『シリース』は、タール水の効能について論じられた化学的書物であるが、哲学的には、とくに同書の後半で示されている新プラトン主義的な考察に着目されることが多い。

（7）もっぱら『原理』と『対話』における諸議論が検討された研究書として、Dancy, 1987; Dicker, 2011がある。また『原理』の検討に特化した研究書にはLuce, 1968bが、『対話』の検討に特化した著書には

Stoneham, 2002がある。

（8）『原理』と『対話』の関係についてもバークリ研究者の間で見解の相違がある。たとえば、A・A・ルースは、『対話』では、可感的な物の公共的存在と天地創造についての議論が加えられているだけで、それ以外に重要なものは付け加えられていないし、『原理』から学説の変化もないと言う（Luce, 1968b, 10-11）。また、ルースの考える『対話』の位置づけは、『原理』の学説の解説であって、それ以上のものではない（Luce, 1963, 16）。その一方で、トム・ストーナムの考えでは、『対話』では、ルースが指摘した議論以外にも、自由意志の擁護や直接知覚／間接知覚の区別についての議論も付け加えられており、『対話』は『原理』に比べより成熟した作品であり、とくに第一対話における知覚の相対性の議論はバークリ哲学のより大きな成熟を示すものとされる（Stoneham, 2002, Preface）。

（9）バークリ研究においてはよく知られるように、とくにあとで見るような、抽象観念説批判、思念という概念、マスター・アーギュメントと呼ばれる議論、神の原型の想定といった議論や概念の必要性・重要性・有効性などについて、またバークリが彼の真意としてそれらを認めていたことについては解釈者の間で疑問視されることが多い。

（10）もちろん、彼の哲学の全体を吟味した結果、おもに理論的整合性の観点から、いずれかの主張や考え方などが消去されるべきものとして判断するといった方針自体は排除されるべきものではない。しかし、少なくとも本書が論述を進める過程においては、はじめから特定の主張ないし考え方に対して疑問を差し挟むようなスタンスはなるべくとらないことにしたい。

第1章　非物質論の基本体系

序

本章では、序章において示された本書の課題に取り組むための予備作業として、そのような課題を遂行するために必要となる基本事項の確認を行なうこととしたい。

本章の構成は、つぎのとおりである。まず、バークリの非物質論の目的としてどのようなことがあったのか、また、そのような哲学体系の基本枠組がどのようなものであったのかを確認する（1）。続いて、バークリの非物質論を構成する基本原理としてしばしば指摘されるテーゼが複数あるが、それらがどのようなものであるのかを見る（2）。最後に、序章で非物質論の消極的な課題として示した、バークリによる物質否定の議論がどのようなものであったのかを見ることにしよう(3)。

1　非物質論の目的と基本枠組

1-1　非物質論が掲げる三つの主要な目的

最初に、バークリ独自の哲学体系である非物質論がどのようなことを目的としていたのかを確認しておこう。その目的については、『原理』と『対話』の副題で端的に示されている。

そこでは、諸学問における誤謬と困難の主要な原因、ならびに懐疑論（scepticism）、無神論（atheism）、無宗教（irreligion）の根拠が探究される（*PHK*）

その目的は、懐疑論者と無神論者に反対して、人間の知識の実在性と完全性、魂の非形体的本性、ならびに神性の直接的摂理を平明に論証することである。また、諸学問をより容易に有益にまた簡明にするための方法を開くことである。（*DHP*）

上記の副題が示すように、バークリの非物質論が掲げる目的には、一方で、おもに学問ないし人間の知識に関する動機として、懐疑論を論駁することがあり(1)、他方で、おもに彼の宗教的な動機として、無神論の論駁があることがわかる。

さらに、バークリが『原理』や『対話』においてとくに彼自身の説との関連で留意していると考えられるのは、一般大衆が自然に抱いているはずの「常識（common sense）」である。そのことは、彼が『原理』や『対話』において彼に対立する学説や見解を批判する際に、自らの考えが常識に沿ったものであると述べていることから推察される（*PHK* Intro 1, 11; *PHK* 113, 123; *DHP* I 172, 190; *DHP* III 237, 244）。とくに『対話』では「これら〔バークリがおもに批判対象とする物質論のこと〕やこれらに似た革新に対抗して、私は常識を擁護しようとしている」（*DHP* III 244）と言われていることから も、彼は自らが常識の擁護者であることを自認していることがはっきりと理解できる。また、『注解』における以下のような記述も、バークリが自らの説と一般大衆が持つ常識とのつながりを強く意識していたことの証拠とみなすことができるだろう。

私は、あらゆる物事において大衆に味方する（*PC* 405）

われわれは大衆とともに感官に確実性を認めなければならない（*PC* 740）

永遠に形而上学を追い払い、人びとに常識を呼び戻すこと（*PC* 751）

以上のことを要約しよう。バークリの非物質論には大きく分けて、つぎの三つの目的があった。それは、第一に、学問との関連においては懐疑論を論駁することであり、第二に、宗教との関連においては無神論を論駁することであり、第三に、一般大衆の意見との関連においては常識を擁護することであった。(2)

1-2 非物質論の基本枠組――ロック的物質論との比較

若い頃のバークリがロックの『人間の知性に関する試論（*An Essay concerning Human Understanding*）』（一六九〇年）からおおいに刺激を受けたことは周知のとおりである（以下、本文中では同書のことを『人間知性論』と略す）。バークリは、そのようにロックから強い影響を受けつつも、その考え方を批判し、彼独自の「非物質論」を練り上げた。バークリが批判するロック的な「物質論（materialism）」(3)は、当時の先端の科学理論である「粒子仮説（corpuscular hypothesis）」に基づき、世界の諸現象を説明するために「物質」の存在を想定する立場である。(4)非物質論は、その呼び名が端的に示すとおり、「物質（matter）」の存在を否定する議論を含んでいる。それゆえ、その説は、物質という存在者ないし想定を用いずに、世界の諸現象を説明する考え方だということになる。

では、バークリがその存在を否定する物質とは、どのようなものなのだろうか。このことに関して、彼は同時代人から甚だしい誤解を受けていた。(5)バークリは、日常生活において、われわれが感覚によって経験的に知覚し、そこに色や大きさや形や味や匂いなどが備わっていると素朴に考えるようなさまざまな対象（具体的には、われわれの環境世界やそこにおける動植物といった自然物、人間の身体、あるいは、机やパソコンといった人工物）の存在を否定しているわけではない。そうではなく、彼がその存在を否定する物質とは、われわれが経験的に知覚する諸対象を生み出す原因となり、それ自体は、色や匂いや味などを持たず、形や大きさなどを持つと想定されるもののことである。したがって、バークリが物質の存在を否定しているからといって、日常的にわれわれが常識的な意味で身の回りの物とみなしているさまざまな対象の存在を否定しているわけではけっしてない。それゆえ、この点に関して、バークリは、彼が擁護しようとする一般大衆の常識と対立するような主張を行なっているのではない。このことは、彼の非物質論を理解する上で、最初に注意されるべきことだと言えるだろう。

つぎに、非物質論の基本的な枠組がどのような構造を持つものであるのかを、ロックの物質論の基本構図と比較することで、簡単に確認することにしよう。ロックは、「知覚、思考、知性〔＝心〕の直接的な対象」を「観念（idea）」と呼ぶ（*Essay* 2.8.8）。ロックによれば、観念は、外的な感覚か内的な反省のいずれかの経験によって獲得される（*Essay* 2.1.4）。それゆえ、ロックにおける観念は、われわれの経験における起源の違いによって、感覚から得られる観念（「感覚の観念 ideas of sensation」）と、反省から得られる観念（「反省の観念 ideas of reflection」）とに分類されることになる（*Essay* 2.7.1-9）。そして、これらのうちの感覚の観念に関して、たとえば雪球を一つの例として、雪球は白さ・冷たさ・丸さといった観念を生み出す「能力（power）」を持っているとされ、彼は、そのような能力のことを「物そのもの（things themselves）」の「性質（quality / qualities）」と呼ぶ

(*Essay* 2.8.8)。以上のことから、感覚から得られる観念に関するロックの物質論ないし彼の知覚理論である知覚表象説の体系では、物そのもの（バークリの言い方では、物質）、観念、心の三つの存在者が想定されているものと考えられる[6]。それに対して、バークリは、このようなロック的な三項関係的枠組を標的としつつ、そこから物質の存在を否定する[7]。したがって、バークリ自身が彼の哲学体系を要約して「世界には精神と観念以外にはなにもない」(*DHP* III 235) と言うように、彼にとって、世界を構成する存在者は、観念と心だけだということになる。このように、バークリは基本的には心以外には観念の存在しか認めないので[8]、彼の非物質論はしばしば「観念論 (idealism)」と呼ばれることになる。

以上の要点を示そう。バークリは、ロックが想定する物質、観念、心という三つの存在者のうち、物質の存在を否定している。したがって、彼の非物質論を構成する基本的な存在者は観念と心だけということとなる。そのときバークリがその存在を否定する「物質」とは、われわれのさまざまな観念の原因としての物体（の能力）のことであって、われわれが日常的に見たり触れたりする対象としての身の回りのさまざまな物のことではない。

1－3　第三のもの――思念

上記のように、バークリの非物質論を構成する基本的な存在者は観念と心である。しかし、『原理』第二版と『対話』第三版（ともに一七三四年）には注目すべき加筆箇所があり、そこには彼が観念と心以外のものの存在を容認していると想定されるような複数の記述が見出される。

われわれは、魂、精神、そして、意志する・愛する・嫌悪するといった心のさまざまな作用といったものの言葉の意味を知ったり理解したりしているかぎり、それらについてのなんらかの思念(notion)を持っている。(*PHK* 27 B)

われわれは、厳密にはそれについての観念を持たないようなわれわれ自身の心や、精神、能動的な存在物についての知識や思念を持つと言われうる。同じように、われわれは、諸物すなわち諸観念の間のさまざまな関係(relations)について知ったり、そのようなさまざまな関係についての思念を持ったりしている。(*PHK* 89 B)

私が考えるに、厳密には、われわれは能動的な存在者や作用についての観念を持つと言われることはできない。そのことは、たとえわれわれがそれらについての思念を持つと言われることができるとしても、そうなのである。私は、私の心や私の心のさまざまな観念に対する働きについてのなんらかの知識ないし思念を持っている。そのことは、私がそのような言葉で意味されていることを知ったり理解したりしているかぎり、そうなのである。私が知っているものについては、私はそのものについてのなんらかの思念を持っている。(略)あらゆる関係は心の作用を含むので、厳密には、われわれは諸物の間の関係ないし関連についての観念を持つと言われることはできず、むしろ、それらの間の関係ないし関連についての思念を持つと言われうる。(*PHK* 142 B)

フィロナス　私は、厳密には精神についての観念を持ってはいないが、精神についての思念を持っている。私は、精神を観念として知覚したり観念によって知覚したりするのではなく、反省によって精神を知るのだ。(*DHP* III 233 B)

たしかに、バークリは、ロックの知覚理論に認められる「物質・観念・心」の三項図式のうち物質の存在を否定し、観念と心の存在のみを認める。しかし、上記の複数の引用箇所で言われているように、日常的な経験的事実として、われわれは、たとえば自分自身の心の存在や自らの心の作用を自らの知識の対象として、その言葉の意味を知ったり理解したりしている。上記の複数の章句で言われているように、バークリの考えでは、われわれは心ないし精神についての観念を持たないが、それについて意味を知ったり理解したりするかぎり、心ないし精神についてのなんらかの思念を持っているということになる。そして、われわれが思念として持つものは、心の存在や心の作用だけでなく、観念間の関係や物と物の間の関係についてもそうであるとされている(Cf. *PHK* 89 B, 142 B)。

バークリ研究においてはよく知られるとおり、この思念という存在者ないし概念装置に関連があると想定されるバークリの記述にはあいまいなところがあり、彼が真意としてこの思念の存在を認めていたのか、そして、それは観念や心と並ぶ第三の存在者として認めていたものなのか、彼が彼の真意としてその存在を認めていたとして、彼はいつの時点でそれを容認するようになったのか、といったことについては解釈者の間でかなりの見解の相違がある。[9] たとえば、バークリが最初に『原理』第一版（一七一〇年）を出版したときの同書の第一部[10]第一節はつぎのような一文をもって始まっている。

人間の知識[11]の対象を調べる者にとって明らかなのは、そのような知識のさまざまな対象は、①現実に感官に刻印されたもろもろの観念（ideas actually imprinted on the senses）であるか、あるいは、②心のさまざまな情念や作用に注意することによって知覚されるようなもの（such as are perceived by attending to the passions and operations of the mind）であるか、最後に、③先述の仕方でもともと知覚されたものを複合したり分割したりそのまま表象したりしながら、記憶や想像の助けによって形づくられる諸観念（ideas formed by help of memory and imagination, either compounding, dividing, or barely representing those originally perceived in the aforesaid ways）であるかのいずれかだということである。（引用文中の①－③の数字の挿入は筆者による）

（*PHK* 1）

第2章でも見るように、バークリは、われわれが持つ観念を二つの種類に分類する。その一方のものは、「感官の観念（ideas of sense）」であり、他方のものは「想像の観念（ideas of imagination）」である（*PHK* 30）[12][13]。感官の観念はわれわれが感官（五感）によって知覚される観念のことで、これは先に見たロックの言う感覚の観念に対応すると言えるだろう。想像の観念は、過去に知覚された感官の観念を材料にして、それを再現することによって得られる観念のことだと考えられる。これらのことから、上で引用した一文における①は感官の観念に該当し、③は想像の観念に該当するともっともらしく考えられる。そこで問題になるのが、②に該当するのがどのようなものかということである。自然に思い至るのは、②は上で見たロックが言う反省の観念に対応するという考え方である。ロックは、われわれが持つさまざまな観念の起源には感覚と反省の二つがあるとし、「それ〔反省〕によって与えられるさまざまな観念は、心がそれ自身の中にあるさまざまな作用に対して反省することによって得るようなもののみである」（*Essay* 2. 1. 4）と言う[14]。このように、ロックは、反省という経験によって、われわれは自らの心の作用についての観念を得るとしている。それに対して、先に引用した『原理』第一部第八九節と第一四二節、『対話』第三対話（*DHP* III 233 B）では、厳密に言って、われわれは心の存在や心の作用についての観念を持たないとされている。そこで、『原理』第一部第一節における冒頭の一文の②がなにを指しているのかが悩ましい問題となる。その答えの可能性としては以下のものが挙げられるだろう。一つには、②はロック的な反省の観念に対応するという考え方がありうる。その場合、バークリは、ロックと同様に当初は心や心の作用についての観念があると認めていたが、のちに考えを改めたということになるであろう[15]。あとは、②が思念に対応するという考え方になるが、その場合、つぎの二つの方向の解釈がありうるだろう。その一方は、バークリは、はじめは彼の非物質論のうちに観念と心の存在だけを認めていたが、それら二つの存在者だけでは、われわれが日常的に心や心の作用についての意味を知り、それらを知識の対象としているということに説明がつかないことを憂慮して、いわば後付けでアドホックに「思念」を導入したというものである[16]。もう一方は、バークリは少なくとも『原理』第一版当初から一貫して「思念」の存在を想定していたというものである。バークリが言う「思念」の想定をめぐってはこのようにさまざまな解釈があり、今日においてもバークリ解釈における大きな争点の一つとなっている。また、思念は観念や心と並立する第三の存在者として認められるものなのか、たんなる言葉の意味としてのみ認められるのかといったことも問題とされている[17]。

まとめよう。非物質論の基本的枠組をなすものと想定されている存在者は観念と心であるが、バークリは、少なくとも一七三四年における『原理』第二版と『対話』第三版の改訂時においては、心の存在、心の作用、観念ないし物の間の関係といったものについて、われわれがそれらの意味を知ったり理解したりするということを説明するために、「思念」というものに訴えたのだということが考えられる。

2 非物質論を構成する基本テーゼ

バークリは、『原理』第一部において彼の構想する非物質論を展開するにあたって、その最初の一-三節の中で、彼の説にとっての基本原理となるような四つのテーゼを手際よく示している。そして、これらのテーゼはとくに彼の非物質論の積極的な目的との関係で問題視されることが多く、すでに述べたように、これらのテーゼから帰結することがバークリ哲学全体においてどのような意味を持つのか、また、それらのテーゼが非物質論の目的とうまく調和するのかといったことは、非物質論を理解する上で欠かすことのできない論点だと言える。そこで、本節では、そのような基本的なテーゼがどのようなものであるのかを簡単に確認しておきたい。

2-1 集合体テーゼ

非物質論を構成する基本テーゼと想定されているもののうちの一つは、『原理』第一部第一節で示されている。

視覚によって、私は、いくつもの度合いや変化を伴った光と色の観念を持つ。触覚によって私は、たとえば、硬いや軟らかい、熱いや冷たい、運動や抵抗といったものを知覚し、また、これらすべてのうちに、量や度合いに関して、より多いとかより少ないといったことを知覚する。嗅覚によって、私は匂いを取り入れる。味覚によっては味がもたらされ、そして、聴覚によっては心にあらゆる種類の調子と構成において音がもたらされる。そして、これらのもののいくつかが互いに随伴するのが観察されると、それらのさまざまな観念は、一つの名前によって表わされるようになり、その結果、一つの物（one thing）とみなされるようになる。こうして、たとえば、特定の色・味・匂い・形・堅さは、相伴うと観察されることによって、他と区別された一つの物と捉えられ、りんごという名前で指示される。それとは別の諸観念の集合体（collections of ideas）は、〔たとえば〕石・木・本を構成し、また、それらに類したさまざまな可感的な物（sensible things）を構成する。（*PHK* 1）

この一節は、われわれが身の回りにある日常的な物ないし対象を認知する過程に対して経験論的な説明が与えられている箇所である。まず、この一節で注意すべきことは、バークリは五感ないし感官のおのおのによって得られる感覚と観念とを同一視していることである。すなわち、ここでは、上述したロックの感覚の観念に相当するものについての言及がなされている。そして、この一節において鍵となる主張は、そのようなわれわれの感官によって得られるさまざまな観念のうちのいくつかのものが互いに相伴って存在していることが観察されると、そのようなさまざまな観念の集合体が一つの物とみなされ、特定の名前で指示されるようになるということである。そして、バークリはそのようなわれわれのさまざまな観念の集合体のことを「可感的な物」と呼んでいるが、それはわれわれの身の回りにある日常的な経験的対象のことを指している。また、上記の一節の内容に関連して、「身体」ということで、その言葉によってあらゆる平凡でありふれた人物が意味するもの、すなわち、直接見たり触れたりされるもの、可感的な諸性質ないし諸観念の組み合わせ（combination）にすぎないものを意味しよう」（*PHK* 95）、「一つのさくらんぼは、いろんな感官によって知覚される可感的な諸印象ないし諸観念の寄せ集め（congeries）にすぎない」（*DHP* III 249）などと述べられていることから、バークリの言う可感的な物とは、われわれが持つさまざまな観念の集合体にほかならないということが理解できる。

以上のことから、非物質論の基本テーゼの一つとして、つぎの主張を挙げることができる。

非物質論の基本テーゼ①

可感的な物は諸観念の集合体である（集合体テーゼ）。

2－2　相異性テーゼ

非物質論の基本テーゼと想定されうる二つ目のものは、『原理』第一部第二節に現われる。

このようなあらゆる無数の種類の観念ないし知識の対象以外に、それらを知り、すなわち、知覚し、また、それらについて意志したり、想像したり、思い出したりするような多様な作用を働かせるなにかが同じく存在する。このような知覚する能動的な存在者を、私は心（*mind*）、精神

> （*spirit*）、魂（*soul*）、あるいは、私自身（*my self*）と呼ぶ。そのような言葉によって、私は、自らのさまざまな観念のうちのいずれかのものも意味表示しているのではない。そうではなく、私は、そのような私の観念とはまったく別のもの（a thing entirely distinct from them）を意味表示しているのである。（*PHK 2*）

すでに確認したように、バークリの非物質論を構成する基本的な存在者は観念と心である。ここで言われているのは、そのような観念と心はまったくの別ものだということである。このことについては、より具体的につぎのように言われている。

> 物（*thing*）ないし存在者（*being*）というのは、あらゆる名前の中でもっとも一般的なものである。そこには、その名前の下で、まったく別ものでありかつまったく異なる種類のものであるような、そして、名前である以外には共通なものがまったくないような二つの種類のものが含まれる。すなわち、それが、精神（*spirits*）と観念（*ideas*）である。前者のものは、能動的な不可分の実体である。後者は、不活性ではかなく依存的な存在者であり、それ自身によっては存立せず、心ないし精神的実体によって支持される、すなわち、それらの中に存在するものである。（*PHK* 89）

このように、観念と心は物ないし存在者という名前の下に含まれるという点では共通点を持つが、それ以外の点においてはまったく種類を異にするものとされている。そして、このことは、『原理』第一部二七、一四一、一四二節においても述べられている。さらに、『対話』第三対話では「私によって知覚されるさまざまな観念ないし物は、それら自身であれ、それらの原型であれ、私の心とは独立に存在する」(*DHP* III 231) と言われているように、観念と心は種類を異にするだけでなく、それらは独立して存在するということが示されている。これらの記述から理解できるのは、バークリは、彼の体系に観念と心という二つの別ものの存在者を認めているという点で一種の二元論を支持しているように思われるということである。ただし、そのような二元論がどのように理解可能なものであるかについては議論の余地がある[18]。

以上の記述から、非物質論の基本テーゼと想定される二つ目の主張として、つぎのものを挙げることができるだろう。

非物質論の基本テーゼ②

観念と心はまったく種類を異にする別ものの存在者である(相異性テーゼ)。

2-3 内属テーゼとE-Pテーゼ

『原理』第一部第二節において、観念と心との間の相異性テーゼが示された直後の節では、つぎのように述べられている。

> われわれの思考も情念も想像力によって形づくられた観念も心の外に存在しないことは、だれもが認めるであろう。そして、それに劣らず明らかだと思われるのは、感官に刻印されるさまざまな感覚や観念は、それらが互いにどのように混合され組み合わされても、すなわち、それらがどのような対象を構成しようとも、それらを知覚するある心以外のどこにも存在できない、ということである。私が思うに、存在するという語が、可感的な物に適用されるときに意味されることに注意する者はだれでも、このことについての直観的知識が得られるだろう。私が書き物をする机が存在する、と私は言う。すなわち、それは、私がそれを見たり触れたりすることである。そして、もし私が書斎から出たならば、机が存在した、と私は言うであろう。その意味は、もし私が書斎にいたならば、私の机を知覚できたであろうということであり、そうでなければ、ある他の精神が実際に知覚している、ということである。ある匂いがあった。すなわち、それは匂われたのである。ある音があった。すなわち、それが聞かれたのである。ある色や音があった。そして、それは、視覚や触覚によって知覚されたのである。このことが、これらのそして同様の表現で私が理解できることのすべてである。というのも、知覚されることになんの関係も持たない思

考しないものの絶対的存在について言われることは完全に理解できないもののように思われるからである。それら〔思考しないもの＝観念〕が存在することは、知覚されることである（their *esse is percipi*）。そしてまた、それらが、それらを知覚する心、すなわち、思考するものの外に存在するということはありえない。（*PHK* 3）

上記の一節の冒頭部分で言われているのは、つぎのことである。だれもが認めるように、想像の観念は心の外には存在しない。それと同様に、感官の観念や、さまざまな感官の観念の集合体である可感的な物は心の外には存在しない。すなわち、観念ないし可感的な物はすべて心の中にのみ存在する。このような考え方が上記の引用文の冒頭部分では示されている。ここでは「心の中に存在する（exist in the mind）」という直接的な表現は出てきてはいないが、この言い回しは『原理』と『対話』において彼特有の術語として頻出するものである[19]。以上のことから、非物質論の第三のテーゼと想定されるものを、つぎのように示すことができる。

非物質論の基本テーゼ③
観念ないし可感的な物は心の中だけに存在する（内属テーゼ）。

上記の引用文の続く箇所では、机を例にして、私が机が存在すると言うとき、その意味は、私が机を見たり触れたりすることだと言われている。また、ある匂い・音・色が存在したということは、それがおのおの匂われた・聞かれた・見られた、すなわち、知覚されたということだと言われている。これらのことから、バークリにとっては、個々の感覚や（集合体テーゼに即して）それらの集合体である可感的な物が存在することは、それらが知覚されることだとされていることがわかる。[20] これらの記述から、非物質論の第四の基本テーゼとして、つぎの主張を挙げることができる。

非物質論の基本テーゼ④
観念ないし可感的な物が存在することとは、それが知覚されることである（ＥＩＰテーゼ）。

以上がバークリの非物質論の基本テーゼないし基本原理と想定される四つの主張である。

加えて、第三のテーゼと第四のテーゼに関して一つ補足をしておこう。『原理』第一部第二節では、「それら〔私のさまざまな観念〕は、それ〔心〕の中に存在する、すなわち同じことだが、それら〔私のさまざまな観念〕はそれ〔心〕によって知覚される」と言われており、また、同じことが「それら〔われわれの諸感覚ないし諸観念〕は、心の中に存在する、すなわち、心によって知覚される」（*PHK* 33）と言われていることから、バークリにとって、感覚ないし可感的な物が存在するということとは、それが心の中にあるということであり、同時に、それが知覚されることだということがわかる。

3　物質の存在を否定する諸議論

本節では、バークリの非物質論の積極的な側面の吟味に入る前に、彼の説における消極的な試み、すなわち、彼が「物質」という想定上の存在者を否定する議論がどのようなものであったのかを確認することにしよう。というのも、非物質論全体の整合性の観点から、そのようなバークリの消極的な試みにおいて示された論法が少なからず彼の積極的な試みと関わりを持つからである。

ところで、バークリが物質の存在を否定する議論をまとまった形で提示しているのは、『原理』第一部第三－二四節と『対話』第一対話においてである。したがって、以下では、それらのテキストのうちで、バークリに特徴的な物質否定の議論がどのようなものであるのかを見ることにしよう。

3－1　抽象観念説批判に基づいた物質否定の議論

『原理』において、バークリは、前節で見た非物質論の基本テーゼを示した直後に、物質の存在を否定する議論に取りかかる。彼は、彼が批判する物質論を念頭に置きつつ、「さまざまな家や山や川、そして要するに、あらゆる可感的な対象が知性によって知覚されることとは別に自然的にないし実在的に存在する」という考え方を「人びとの間で奇妙に流布している意見」として紹介する（*PHK* 4）。彼によれば、このような考え方は『原理』序論で彼が批判した抽象観念説に基づいている（*PHK* 5）。

バークリが批判する抽象観念説とは、心は、特定の物から一つの性質や特徴を抽象する（抜き出す）ことによって、色や運動といった性質や人間や動物といった種類の抽象観念を形成できるとする考え方である（*PHK* Intro 7-9）。そして、バークリが、このような抽象観念説の「もっとも有能な庇護者」とみなしているのがロックである（*PHK* Intro 18）。バークリにとって、このような「心がさまざまな物の抽象観念ないし抽象思念を形成する能力を持つという意見」である抽象観念説は「思索を入り組んでわかりにくいものにすることにおいて主要な役割を果たしてきたように思われるもの」であった（*PHK* Intro 6）。

このように、バークリの考えでは、可感的な物が心によって知覚されることとは別に存在するという上述の意見は抽象観念説に基づいている。というのも、彼によれば、「さまざまな可感的な対象の存在をそれらが知覚されることから区別して、それらが知覚されずに存在すると想念すること以上の抽象の努力」はありえないからである（*PHK* 5）。以上のことから、バークリにとっての可感的な物とは、「光や色、熱さや冷たさ、延長や形、要するに、われわれが見たり触れたりするさまざまな物」（*PHK* 5）だということになるが、このような見解はまさにすでに確認した集合体テーゼやＥＩＰテーゼに即したものである。それゆえ、知覚されることから抽象されて存在すると想念されるようなもの（＝物質）の存在は否定されることになる。

同様の抽象観念説批判に基づいた議論は、ロックが示した一次性質と二次性質の区別にまで適用される。ロックは、われわれの心の中になんらかの観念を生み出す「能力（power）」のことを、その能力が中にある主体（＝物そのもの／物体）の「性質（*quality*）」（*Essay* 2.8.8）と呼ぶ。彼は、そのような能力ないし性質のうち、われわれが知覚するしないにかかわらず物の中にある「固性を有する部分のかさ・形・数・位置・運動・静止」のことを「一次性質（*primary qualities*）」と呼ぶが（*Essay* 2.8.23）、他方で、本当のところは物そのものの中には存在しないが、物の一次性質によって色・音・味などの感覚を生む「能力」にすぎないもののことを「二次性質（*secondary qualities*）」と呼ぶ（*Essay* 2.8.10）。したがって、このようなロックの考え方をバークリの慣用表現を用いて言い換えれば、物のかさ・形・数・位置・運動・静止などといった一次性質は心の外にあり、本当のところは物質の中には存在しない色・音・味などの感覚は心の中にのみ存在するということになる。ただし、ロックの場合、一次性質と二次性質はともに物の性質ないし能力とされており、とくに二次性質は色・音・味などの感覚を生み出す物の能力にすぎないものとみなされている点には注意が必要である。

しかし、このようなロックによる物の一次性質／二次性質の区別に対して、バークリは、大きさ・形・運動などを感官の観念（ロックの言い方では、感覚の観念）と同一視することによって、「だれであれ、なんらかの思考の抽象によって、ある物体の延長や運動をそれ以外のあらゆる可感的諸性質（sensible qualities）なしに想念することができるかどうか」（*PHK* 10）という問いかけを行なう。上述のように、ロックにおいては、一次性質であれ二次性質であれ、「性質」は物そのものないし物質が持つものであるが、ここでバークリが言う「可感的諸性質」とは、どのような観念ないし感覚であれ、われわれの心の中に存在するもののことであり、すなわち、われわれによって知覚されるかぎりにおいてこ存在するもののことである。したがって、ここでバークリが問いかけているのは、ある物体の延長や運動を特定の色などを想像することなしに考えることはできるのか、ということになるであろう。そして、彼は、「心の中にのみ存在すると認められるなんらかの色やそれ以外の可感的諸性質をそこに同時に与えることなしに、延長したり運動したりするある物体の観念を形づくることは私の能力のうちにはない」として、「要するに、それ以外のあらゆる可感的諸性質から抽象された延長・形・運動というのは想念不可能である」と論じる（*PHK* 10）。このようなバークリの議論からわかるのは、彼はつぎのような想定を行なっているということである。その想定とは、なんらかの観念が存在するためには、それは特定の色や形や音などを伴った具体的な仕方で心に思い描かれる必要があるというものである。[21] このような想定の下では、たとえば、特定の色を持たない形や運動を思い描くということはたしかに不可能だということになる。そして、このような考え方に基づいて、彼は、特定の色や味などを持たずに延長や形などだけを持つと想定されている「物質」のようなものが存在することを否定している。とはいえ、ロックは性質ということで物そのものないし物質に属する感覚的性質を意味しているのに対し、バークリが意味する性質は知覚されるかぎりにおいて存在するもののことであり、彼の用法で言うところの心の中にのみ存在するものである。したがって、同じ「性質」という語が用いられてはいても、ロックにおける性質とバークリにおけるそれとでは意味がまったく異なっており、厳密には、バークリは、このような抽象観念説批判を用いた議論によってロック的な物質論の体系を批判しているというよりは、上記のような想定に基づいて、ロックとは違った仕方でのわれわれの身の回りの物についての記述のあり方を提示していると言われるべきだと考えられる。

3-2　ライクネス・プリンシプルに基づいた物質否定の議論

続いて、『原理』第一部第八節に登場する物質否定の論法を見てみよう。『対話』第一対話（*DHP* I 206-207）と第三対話（*DHP* III 246）にも現われるその論法は解釈者の間で「ライクネス・プリンシプル（likeness principle）」という呼び名で知られるものである。バークリは自らの物質否定の議論に対する想定される反論として、「観念それ自身は心の外に存在しないが、それでも、観念が模写や類似物であるような観念に似た物がありえて、そのような物は、心の外に、すなわち、思考しない実体の中に存在する」（*PHK* 8）という可能性について検討する。それに対して、彼は「観念は観念以外のなにものにも似ることはできない（an idea can be like nothing but an idea)」（*PHK* 8）という原理ないし想定を立てて応じる。彼によれば、われわれは観念の間にしか類似関係を把握することはできないのであり、たとえば、ある色や形はそれ以外の色や形にしか似ることはできない。そこで、ロック的な物質論が想定する物質と観念との間の対応関係を念頭に置いて、つぎのように論じられる。

われわれの観念が像や表象であるような想定される原型や外的な物は、それ自身知覚可能なものなのかどうか。もしそれらが知覚可能であれば、それらは観念であり、そして、われわれは目的に達する。しかし、それらは知覚可能でないとあなたが言うなら、色が見ることのできないなにかに似るとか、硬いや軟らかいが触れることのできないなにかに似るとか、その他同様のことを主張するのが意味をなすことなのか、だれにでも訴えかけよう。（*PHK* 8）

このように、バークリによれば、われわれの観念に似たなんらかの原型や外的な物を想定したとしても、もしそれが知覚可能なものであれば、それは観念だということになるが、他方で、そのような原型ないし外的な物が知覚不可能なものであれば、たとえば、色が見ることのできないなにかに似るといったことや触覚的な感覚が触れられないなにかに似るなどという主張は意味をなさない。したがって、彼によれば、心の外に存在するもの、すなわち、知覚されずに存在するものである物質は存在しないということになる。

3－3　マスター・アーギュメントと呼ばれる物質否定の議論

さらに、バークリは、解釈者の間で「マスター・アーギュメント（master argument）」という呼び名で知られる物質否定の議論を行なう。[22] この議論は、『原理』第一部第二二－二三節と『対話』第一対話（*DHP* I 200）に現われる。

彼は、この議論において、以下のような想定される反論に対処する。

きっとあなたはつぎのように言うだろう。たとえば、公園の中に木々や書斎の中に書物があって、そばにそれらを知覚する人がだれもいないのを想像することほど簡単なことはない、と。（*PHK* 23）

ハイラス　ある木や家が、どのような心からも独立して、どのような心によっても知覚されずに、それ自身で存在していると想念すること以上に簡単なことなどありうるだろうか？（*DHP* I 200）

このような想定される反論に対する彼の答えは、そのような問いを発しているということは、すなわち、「あなたは、その間じゅう、それらを知覚している、ないし、それらのことを考えている」ということになるというものである（*PHK* 23）[23]。

バークリの考えでは、たとえば、ある木が知覚されずに、すなわち、考えられずに存在すると想像することは矛盾である。なぜなら、そのとき、そのような木はまさにある者によって想像されているからである。それゆえ、彼の考えでは、知覚されたり考えられたりせずに存在すると想定されるような物質は存在しないということになる。

3－4 『対話』第一対話における物質否定の議論

本章3－1で確認したように、ロックにおける「性質」は物そのものないし物質に属するものであったが、他方で、バークリにおけるそれはわれわれの心の中にのみ存在するものであった。『原理』においては、総じて物の性質とみなされているものが、われわれによって知覚されるかぎりにおいて存在する心の中の（すなわち、心的な）性質だということについて詳細に論じられることはなかった。しかし、『対話』第一対話においては、そのことがくわしく論じられている。すなわち、そこでは、熱さ、温かさ、冷たさ、味、匂い、音、色、形、延長、運動、固性が順に取り上げられ、それらが心の中にのみ存在する心的な性質であることが論じられている。

同対話の冒頭では、二人の対話者であるハイラスとフィロナスの間で、「懐疑論者（*sceptic*）」がつぎのような意見を持つ者であることが確認される。その意見とは、①感官を信用しないこと、②可感的な諸物の実在を否定すること、③可感的な諸物についてなにも知らないと主張すること、である。そして、彼らのうちのどちらがそのような懐疑論的な意見を持っているのかを検討するべく対話が進められる（*DHP* I 173）。そして、そのような課題を遂行するにあたって確認されるのは、つぎのことである。すなわち、それは、「さまざまな可感的な物は感官によって直接知覚されるものにすぎない」（ＥＩＰテーゼ）ということであり、また、「さまざまな可感的な物は、（略）多くの可感的な諸性質ないし可感的諸性質の結合（combinations）にほかならない」（集合体テーゼ）ということである（*DHP* I 175）。このように、バークリは、物ないしその性質と想定されるものが心の外には存在しないことを論じるにあたって、彼にとっての考察の対象を、感官によって直接知覚される観念ないし、（集合体テーゼに即して）そのような諸観念の集合体としての可感的な物に限定している。あとで見るように、このような仕方で、議論の当初より彼にとっての考察の範囲を限定することによって、彼は、心の外の存在を否定する議論を優位に進めようとしていることがうかがえる。

さて、トム・ストーナムによれば、『対話』第一対話における物質否定の基本的な議論は、以下の三つに分けられる。それは、①「同一化論証（assimilation argument）」、②「対立する現われからの論証（argument from conflicting appearances）」、③「因果的論証（causal argument）」である（Stoneham, 2002, 25）。以下では、このような分類を用いながら、同第一対話において展開される物質否定の議論がどのようなものであったのかを見ていこう。

最初に議論の俎上に載せられる物の性質と想定される「熱さ」について、それが心の外に存在しないことを示す議論（*DHP* I 175-178）は特徴的なものであり、上記の①「同一化論証」に該当する。その議論を推論形式で示せば、つぎのようになるだろう。

1．苦痛は心の中に存在する。

2．苦痛と熱さはともに同時に直接知覚され、互いに異ならない。

3．ゆえに、熱さは心の中に存在する（心の外に存在しない）[24]。

すなわち、明らかに心の外にはなく心の中にのみ存在すると想定される性質と他方の性質とが同時に知覚され、その両者は異なるものではないと考えられることから、一方の性質と他方の性質を同一のものとみなすことによって、他方の性質も心の中に存在することを導く論証である。

さらに、バークリは、上記の論証における前提**2**の正しさを補強するために、「激しい感覚が苦痛や快さを伴わずにあるということをあなたは想念できるのか」（*DHP* I 176）という問いかけを行なう。すなわち、彼によれば、激しい感覚と苦痛や快さを互いに分離して考えることはできないのであり、このような考え方は本章**3**–**1**で見た抽象観念否定説に基づく考え方だと言える。以上のような議論に加えて、つぎのことが検討される。それは、より穏やかな程度の熱さが心の外に存在する可能性である。というのも、激しい程度の熱さは心の外に存在できないとしても、より穏やかな程度の熱さは心の外に存在するかもしれないと考えられるからである。このような可能性に対する反証は、つぎのような形で行なわれる（*DHP* I 177–179）。

1. 穏やかな程度の熱さは心の外に存在する。

2. 穏やかな程度の熱さの水は、一方の手には温かく感じられ、同時に他方の手には冷たく感じられることがある。

3. 穏やかな程度の熱さの水が心の外に存在する物の性質だとすれば、**2**は心の外に同一のものとして存在するはずの物の性質が同時に熱くかつ冷たいということになり、矛盾したことになる。

4．1は誤りである。

5．ゆえに、穏やかな程度の熱さは心の外に存在しない（＝心の中に存在する）[25]。

上記の論証における前提2には、感官によって得られる感覚ないし観念がさまざまな状況の違いによって相対的に異なった仕方で現われるというわれわれの知覚経験のあり方が反映されている。それゆえ、そのようなわれわれの知覚経験の相対的なあり方を根拠とした議論は、ストーナムの分類によれば、②「対立する現われからの論証」に該当すると言えるだろう。そして、このようなわれわれの知覚経験の相対性に訴える議論の手法は、同一の人にとって同一の物が同時に対立した現われ方をするというわれわれの知覚経験に訴えるだけでなく、同一の人にとって、ある感覚ないし観念が状況の違いにとって相対的な現われ方をするといった事例や、同一の知覚対象が個人ないし生物種の違いによって相対的な現われ方をするといった事例にも訴えることによって、物の性質と想定されるものが（心の外には存在せず）実は心の中に存在するのみであると結論づける論証（知覚の相対性からの論証）が行なわれるが、そのような論証は、味、匂い、色といった性質に対しても適用される[26]。

最後のものである③「因果的論証」は、第一対話冒頭において、バークリが彼にとっての考察の対象を感官によって直接知覚される観念に限定するという規定を用いたものである。たとえば、音に関しては、われわれによって知覚されている個々の観念としての音と空気の運動としての音そのものとを区別し、前者は後者によって引き起こされるというロックが採用する知覚表象説的な考え方が彼に対立する見方として議論の俎上に載せられる[27]。このような考え方によれば、二つの種類の音があるということになり、その一方は、通俗的あるいは「聞かれるもの」であり、他方は、哲学的で実在的なものとされる。しかし、バークリにとっては、運動の観念は視覚と触覚のみに属するものなので、そのような聞かれることのできない、すなわち、直接知覚されることのないような哲学的かつ実在的な意味での音というものは彼にとっては不合理であり、かつ彼にとって考察の対象外のものとして処理される。このような論法は、熱さや甘さ、色ないし光、固性が心の外に存在しないことを示す場合にも用いられる。

さらに、上記のようなわれわれの知覚経験の相対的なあり方に依拠した論法は延長や形といった一次性質にも適用される。もし感官が人間だけでなくすべての動物の生活とその保護のために与えられているのだとすれば、人間にとっては識別できないほどの大きさや形のものがたとえばダニなどの生き物にとっては一定程度以上の大きさのものとして知覚されるはずであり、また、同じ物体でも、たとえば一方の目に関しては裸眼で、もう片方の目に関しては顕微鏡を通して見られた場合には、同時にそれが違った現われ方をして知覚される。このような知覚の相対性に訴えた論法によって、物体に延長や形という不変の性質が存在するという考え方は不合理だとして、それらは心の中にのみ存在すると論じられる。また、このような論法は、運動や固性が心の外に存在しないことを示す際にも持ち出される（*DHP* I 190-191）。

さらに、一次性質に関して、特定の大きさや形から抽象された絶対延長や絶対運動という想定が検討対象として取り上げられる（*DHP* I 192）。しかし、速さや遅さ、大きさや小ささ、丸や四角といった可感的な性質を取り去った運動や延長の判明な抽象観念を思考において形づくることはできないと主張され、さらに、本章3－1で見たのと同じ論法によって、運動や延長の観念がそれ以外の色などの可感的性質から思考の上で分離できないことから、それらの抽象観念の存在も否定されるに至る（*DHP* I 192-194）。続けて、『対話』第一対話では、本章ですでに見たように、『原理』において示されたマスター・アーギュメントやライクネス・プリンシプルを用いて、われわれの心の外に存在すると想定されるものが心の中にしか存在しないことが主張される（*DHP* I 200-207）。

3－5　バークリによる物質否定の諸議論についてのまとめ

以上のような議論を行なうことによって、バークリは、われわれによって知覚されることとは独立に存在すると想定される「物質」の存在を否定し、われわれが物にあると想定しているさまざまな性質は心の中にのみ存在するものであると主張する。

本章3－1で確認したように、バークリは、抽象観念説批判に基づいた物質否定の議論を行なう際に、なんらかの観念が存在するためには、それは特定の色や形や音などを伴った具体的な仕方で心に思い描かれる必要があるという想定を行なっている。すなわち、バークリにとっては、心以外のなんらかのものが存在するためには、それは色や形や匂いなどを伴った仕方で具体的に思い抱かれる必要がある。また、先ほど見たように、バークリは、『対話』第一対話の冒頭において、通常は物にあると想定されているさまざまな性質が心の中にのみ存在することを示す際に、彼にとっての考察の対象を感官によって直接知覚される観念か、あるいは、そのような観念の集合体に限定することを当初から断わった上で、感覚ないし観念としての熱さ、甘さ、色などの原因が物にあるという想定を、彼にとっての考察の対象外のものとして排除するという論法を採っている(28)。また、観念が模写であったり類似物であったりするような観念に似たもの（＝物質）の存在をバークリが否定する際に依拠する「観念は観念以外のなにものにも似ることはできない」（*PHK* 8）というライクネス・プリンシプルについても、彼は、彼自身の抽象観念説批判の際に持ち出したのと同様の考え方、すなわち、観念は色や形を伴った仕方で具体的に思い抱かれる必要があるという考え方に基づいて、観念に似た、観念の原因となる想定上の存在者（＝物質）を否定している。すなわち、ライクネス・プリンシプルは、（心の存在は別として）具体的な色や形を伴った仕方で思い抱かれるような観念以外のものが存在するといった想定を原理上排除する目的で導入された道具立てだと考えることができるだろう。さらに、いわゆるマスター・アーギュメントにおいて想定されているのは、どのようなものであれ、われわれの知覚対象の候補となりうるものは具体的な仕方で想像可能なもののみだということだと考えられる。このような想定も、上述のバークリの抽象観念説批判において示された考え方と実質的に同じものとみなすことができるだろう(29)。

以上のことから、バークリによる物質の存在を否定する諸議論の特徴は明らかであろう。すなわち、彼は、われわれの知覚対象の候補となりうるものをわれわれが身の回りの個々の物に対して見出しているような具体的な感覚ないし観念だけにあらかじめ限定した上で、そのような議論を行なっているということである。そして、心のようなわれわれの直接的な感覚の対象とならないものは、第6章で見るように、別の仕方でその存在が認められているものと考えられる。したがって、バークリの物質否定の議論は、厳密に言えば、ロックのような知覚表象説的な立場を直接批判したものであるというよりは、上記のようなわれわれの知覚対象についての規定を基にして、ロック的な立場に対する異論を提出したものであると理解することが可能であろう。

（1）　非物質論が懐疑論に対立することを示す記述としては、*PHK* 89, 92, 129; *DHP* I 173, 206 などがある。なお、リチャード・H・ポプキンによると、哲学的な見解としての懐疑論は古代ギリシアの思想家を起源とするが、ヘレニズム期の思想家たちによるさまざまな懐疑論的な発言や態度が発展して、以下のような一連の議論が確立された。そのような議論とは、①いかなる知識もありえないというものか、あるいは、②なんらかの知識がありうるかどうかを確定するような証拠は不十分なものでしかないので、知識に関するあらゆる問いに対しては判断停止されるべきだというものである。ポプキンは、前者の①をアカデミックな懐疑論、後者の②をピュロン主義的な懐疑論としている（Popkin, 1979, Preface）。哲学的な懐疑論の歴史については、上記の Popkin, 1979 や松枝、二〇一六を参照されたい。

（2）　非物質論の主要な目的として、懐疑論論駁、無神論論駁、常識擁護という三つの課題があったことを端的に示す記述として、『対話』の序文につぎのような一節がある。「もし私がここで伝えようとする諸原理が真であると認められるなら、私が思うに、そこから明らかに生じるさまざまな帰結は、つぎのようなことである。すなわち、無神論と懐疑論は完全に破壊されるだろうし、多くの錯綜した論点は簡素なものになり、大きな困難は解決され、学問のいくつもの無用な諸部分は切り詰められ、思索は実践にゆだねられ、人びとは逆説から常識へと至るだろう」（*DHP* The Preface 168）。

（3）一般的に、"materialism" という言葉は「唯物論」と訳され、その語は世界に物の存在だけを認める立場を指すものと考えられている。しかし、バークリが批判対象とするのはそのような唯物論に限られているわけではなく、それゆえ、必ずしもその語で唯物論のことだけが意味されているわけではない。伝統的にバークリ研究においては、"materialism" は、たとえばデカルトに顕著な仕方で認められる心身二元論的な立場も含めて、少なくとも実体としての物の存在を認める立場を意味するものと考えられている（Cf. Luce, 1968b, 25; Stoneham, 2002, XiX; Downing, 2004/2011）。したがって、本書もこのようなバークリ研究において特有な "materialism" という語の用法に従い、その語を「物質論」と訳すことにする。

（4）ロック的な物質論が当時における先端の科学理論であった粒子仮説に依拠していることについては、Tomida, 2002, 227-231; Tomida, 2005, 678-682; 冨田、二〇〇六、三〇 - 三七を参照されたい。また、バークリが非物質論を提出した時代背景として、一七世紀における実験哲学の誕生や古代原子論の復活としての粒子哲学の受容があったことについては、Urmson, 1982, 1-11 を参照されたい。

（5）そのようなバークリの非物質論に対する誤解を示す典型的な例として、イギリスの文学者であるサミュエル・ジョンソン（Samuel Johnson, 1709-1784）の見解がよく知られている。スコットランド出身の法律家・作家であるジェイムズ・ボズウェル（James Boswell, 1740-1795）によるジョンソンについての伝記が伝えるところでは、ジョンソンとボズウェルの間で「物質は存在せず、全宇宙のあらゆる物は観念にすぎないことを証明するバークリ主教の詭弁」が話題になったときに、「それを論駁するのは不可能だ」

というボズウェルの主張に対して、ジョンソンは、大きな石をその反動でふらつくほど大きな力で蹴りながら「私はこうやってそれを論駁する」と言って反応したとのことである（Boswell, 1924, 315）。

（6）ロックの知覚理論である「知覚表象説（representative theory of perception）」が「物・観念・心（知性）」からなる三項関係を認めるものであることについては、Tomida, 2005, 678-82; 冨田、二〇〇六、三〇-三七を参照されたい。また、バークリのおもな批判対象がロックのような上記の三項図式を認める知覚表象説であったことについては、Luce, 1968a, 289; Luce, 1968b, 28を参照されたい。

（7）バークリによるロック的な三項関係的枠組（物質・観念・心）に対する批判については、第3章**3**で再度取り上げる。

（8）あとで見るように、バークリはのちに「思念（notion）」という新たな存在者を認めていると想定されるような主張を行なう。

（9）バークリ特有の「思念」説が『原理』第一版刊行当時から準備されていたものなのか、あるいは、彼の思考の発展によって後年になって導入されたものなのかということについては、以下のような見解の相違を挙げることができる。G・A・ジョンストンは、以下の本文中で引用する『原理』第一部第一節における②が多くの解釈者の間で「観念」と解釈されてきたことを批判する。彼は、文法的に、①-③の項目は同等のものなので、②の「（～知覚される）ようなもの（such as）」という語句がなにを指示するのかについては、それは、対等な項目のうちの一つにおける語（＝観念）を指示するのではなく、それらすべての項目が従属するものである「人間の知識の対象」という語を指示すると解釈するのが適切だという見解を示す（おそらく、その語句が「観念」を指示するのであれば、わざわざそのような表現を用いないということであろう）。また、それ以外の理由としても、ジョンストンは、バークリが心の存在や心の作用についての知識を認めるにもかかわらず、彼にとってそれは知覚されないもの（＝観念ではないもの）であり、バークリはロックが認める「反省の観念（ideas of reflection）」のような心や心の作用についての観念の存在を認めないことから、②は後年になってバークリが正式に認める「思念」に対応するものだとする見解を示す（Johnston, 1923, 143-147）。A・A・ルースは、そのようなジョンストンの解釈の路線に従って、『原理』第一版当初から、②が思念に対応するものであることは意識されていたと理解した上で、②であいまいな表現が採られているのは、不注意からではなく意図的なものであって、著書の最初の部分で、心や心の作用についての観念の存在を否定するというようなぎこちなさを避けるという技巧上の理由だったという見解を示す（Luce, 1968b, 39-40）。対して、ジョン・W・デイヴィスは、『原理』第一版で「思念」説が確立されていたと理解するルース的な解釈をひねくれた見解と批判し、『原理』第一版と第二版の間には発展があったと解釈する（Davis, 1959, 378-389）。なお、そもそもバークリの哲学から思念説を排除すべきだとする解釈については、本章注（17）を参照。

（10）『人間の知識の諸原理に関する論考（*A Treatise concerning The Principles of Human Knowledge*）』は、大別して、序論（Introduction）と第一部（Part I）の二つの部分から構成されている。とはいえ、このように第一部と名づけられている部分があるものの、同書の第二部以降の部分は存在していない。というのも、第二部は、草稿としては準備されていたものの、紛失されてしまったからである。そのあたりの事情について、バークリは、アメリカ哲学の父とみなされているサミュエル・ジョンソン（Samuel Johnson, 1696-1772）宛の書簡（一七二九年一一月二五日付）において、「私の『人間の知識の諸原理に関する論考』の第二部に関しては、実のところ私はそこにおいてかなりの前進を遂げたのだが、その草稿は一四年ほど前のイタリア旅行の間に失われてしまって、その後、私には同じ主題について二度も執筆するような不愉快なことをするほどの暇はなかった」（*Works* II 282）と述懐している。

（11）バークリは、とくに彼の英雄時代の著作において彼が用いる「知識（knowledge）」という語の意味を明確に示してはいない。『原理』には「人間の知識は、二つの項目、すなわち、諸観念についてのそれと諸精神についてのそれへと自然に縮約されるだろう」（*PHK* 86）とあるように、少なくとも『原理』や『対話』における「知識」は、たとえばバートランド・ラッセル（Bertrand Russell, 1872–1970）が「真理についての知識（knowledge of truths）」ないし「記述による知識（knowledge by description）」と対比的なものとして提示した「物についての知識（knowledge of things）」ないし「直知による知識（knowledge by acquaintance）」に近いものかもしれない（Russell, 1998, 23–26）。もしそうだとすれば、「知識とは、われわれの諸観念のいずれかのものの結合や一致、あるいは、不一致や矛盾の知覚にほかならないと私には思われる」（*Essay* 4.1.2）として、知識を命題的なものとみなしたロックとは異なる知識観をバークリは（少なくとも彼の英雄時代には）持っていたことになる。しかし、中期の『アルシフロン』においては、「知識は諸観念の間の結合ないし不一致の知覚なので、言葉によって表わされる観念をはっきりと知覚せず、その結果として、言葉に対応する心的命題を形成する程度にまで、さまざまな語彙によって表わされる諸観念をはっきりと知覚しない人はどうやっても知識を持つことはできない」（*Alc* VII 288）と言われているように、中期以降のバークリは、ロックと同様に、知識のうちに少なくとも命題知としての側面を認めていたことがうかがえる。なお、ロックにおける「知識」が命題の形を成すものであることについては、冨田、一九九一、二二九、二三〇を参照されたい。

（12）「想像の観念」について、実際にはこの箇所（*PHK* 30）では、「感官の観念（ideas of sense）」と対比的に、"those of the imagination" と表記されている（第2章**3**を参照）。

（13）バークリにおける「感官の観念（ideas of sense）」と「想像の観念（ideas of imagination）」の区別は、ヒュームにおける「印象（impressions）」と「観念（ideas）」の区別に対応するものと考えてよいであろう（*THN* 1.1.1）。

(14) そのようなわれわれの心の作用の例として、ロックは、「知覚、思考すること、疑うこと、信じること、推理すること、知ること、意志すること」や「なんらかの思考から生じる満足や落ち着かなさ」のような情念を挙げている（*Essay* 2. 1. 4）。

(15) その場合、②は「心のさまざまな情念や作用に注意することによって知覚されるようなもの」という〔観念という語を用いていない〕あいまいな表現によって、「思念」という存在についてのバークリの思考の変化が表立っては見えにくいものになっているということになるだろう。

(16) ジョージ・ディッカーによれば、われわれが心の観念を持たないにもかかわらずどういうわけか心についての概念を持つことができるということを説明するために、バークリはアドホックな後知恵として思念を導入したと考える論者は、ジョナサン・ベネット（Bennett, 2005, 156–157）とケネス・ウィンクラー（Winkler, 1989, 281）である（Dicker, 2011, 211）。

(17) バークリが用いる「思念（notion）」という語の用法には、①日常的な用法（言葉の意味や概念という意味）と②バークリ哲学特有の専門用語としての方法の二つがあり、彼の哲学にとっては②は必要でなく、われわれは、（たとえば、物と物の間の）関係の思念に注意を向けるのではなく、（物と物の間の）関係に直接注意を向けているといった考え方を示すのは、E・J・ファーロングである。彼は、彼がそのように考える理由として、関係の思念のようなものを認めると、そのような存在者がどのようなものであるのかが疑問視されるということを挙げている（Furlong, 1968, 60–66）。

(18) この問題については、第6章**4**で検討する。

(19) たとえば、『原理』におけるこの一節の直後に「心の中」という表現が出現する箇所はつぎのようなものである。「延長、形、運動は心の中に存在する（existing in the mind）諸観念にすぎない」（*PHK* 9）。「彼らが語るところでは、それら〔色、音、熱さなど〕は心の中だけに存在する（existing in the mind

alone）諸感覚である」（*PHK* 10）。

（20）このＥＩＰテーゼはしばしばＥＩＰ原理（EIP Principle）と呼ばれることもあるように、とりわけバークリの非物質論を構成する中心的なテーゼと考えられている（ただし、バークリの非物質論の立場が確立するためには、本文中で後述する「ライクネス・プリンシプル」が不可欠だという見解については、Tomida, 2010 を参照）。先の引用文（*PHK* 3）では、このＥＩＰテーゼは直観的知識だと言われている。しかし、このテーゼがなんらかの論証の結論となっていることを示す試みがある。エドウィン・Ｂ・アレイアは、ＥＩＰテーゼがつぎのような論証の結論となるものであることを示している（Allaire, 1963, 229）。①心だけが実体である（一種の相異性テーゼ）。②可感的な諸物は諸性質の集合体にすぎない（集合体テーゼ）。③諸性質はなんらかの実体に内属しなければならない（内属テーゼ）。④ゆえに、可感的な諸物は心の中に内属しなければならない。⑤「内属する」と「によって知覚される」は同義である。⑥ゆえに、可感的な諸物はなんらかの心によって知覚されなければならない（＝ＥＩＰテーゼ）。また、ジョージ・パパスは、バークリの抽象観念説批判がＥＩＰテーゼを導く論証の前提になっていることを示す議論を行なっている（Pappas, 1985, 47-62）。加えて、ジョナサン・ダンシーの見解では、ＥＩＰテーゼは *PHK* 3 においては直観的知識として示され、*PHK* 7 の終わりには推論による結論として同じテーゼが結論づけられている、とされる（Berkeley, ed. Dancy, 1998, 198）。

（21）「観念（idea）」という術語を用いる哲学者で、その観念のうちに含まれるものは、実際に感官によって得られる感覚ないし観念か、あるいは、具体的な色や形などを伴った仕方で想像された心的イメージ（心像）のいずれかであると考える立場ないし論者のことは、伝統的に「心像論（imagism）」ないし「心像論者（imagist）」と呼ばれている（Cf. 冨田、一九九一、二一、冨田、二〇〇六、七三、Tomida, 2001, 5）。第1章の**1-2**で見たように、バークリは、（「思念」は別として）観念を「感官の観念」と「想像の観念」に分類している。そのような点で、バークリは「観念」の用法に関する心像論者だと考えることができる。

(22) バークリ研究において親しまれている「マスター・アーギュメント（master argument）」という専門用語はアンドレ・ガロアによる（Gallois, 1974, 55–69）。

(23)『対話』における同様の議論は、つぎのようなものである。フィロナスは「想念されていないある物を想念していると語ることも大きな矛盾ではないだろうか？」という問いかけを行ない、そのことにハイラスは同意するが、それを受けて、フィロナスは「すると、あなたが考えている木や家はあなたによって想念されていることになる」と結論づけている（*DHP* I 200）。

(24) 同様に「冷たさ」に関しても、激しい程度の冷たさは苦痛にほかならないから、「熱さ」と同じく「冷たさ」も心の外には存在しないという結論が導かれている（*DHP* I 178）。

(25) このような議論によっても納得しないハイラスは、「火の中に熱さがないと言うこと以上の不合理はありうるか？」と問いかけるが、フィロナスは、「ピンが原因となって生じた感覚それ自体もそれに似たなにかもピンの中にはないということをあなたが認めるならば、あなたがいま認めたことに準拠して、火が原因となって生じた感覚やそれに似たなにかが火の中にあると判断すべきではない」と論じる（*DHP* I 178）。

(26) 味に関しては、同じ食物でも体調によって異なった味覚が感じられることや、あるいは、異なる人びとの間で同じ食物が違った味に感じられることが根拠として挙げられる（*DHP* I 179–180）。匂いに関しては、汚物などの場合、それが生物種によって苦に感じられたり感じられなかったりする事例が挙げられる（*DHP* I 180–181）。また、色に関しても、顕微鏡などを用いた場合の視覚的な色の現われの違いや、たとえば、黄疸などといった体調の状態によって色彩感覚の違いが生じることが経験的事実として挙げられる（*DHP* I 183-187）。以上のような知覚の相対性を一つの根拠として、味、匂い、色が心の外には存在しないことが論じられる。

(27)『対話』第一対話における「音」をめぐる議論は、第3章においても取り上げる。

(28) このような論法は『原理』には見られない種類のものである。

(29) ジョージ・パパスが論じるところでは、マスター・アーギュメントは抽象一般観念に対する批判が成功していることを前提としている（Pappas, 1985, 57）。

第2章　可感的な物の実在性

序

すでに見たように、バークリは、机や山といったわれわれの身の回りに存在し、われわれが真に実在すると信じているような日常的対象のことを可感的な物と呼んでいるが、同時に、彼は前章で確認した四つの基本テーゼを認めている。そこで、つぎのようなことが問題として浮かび上がる。それは、それらの基本テーゼを前提とする非物質論において容認される「可感的な物（sensible things）」は、通常われわれが身の回りの対象に対して認めているような常識的な意味において実在すると言われるに値するものなのか、という課題（「可感的な物の実在性に関する問題」）である。本章では、このような問題を検討することにしたい。

本章の構成は、つぎのとおりである。最初に、本章で取り扱う問題の所在を明らかにし（1）、この問題に対する既存の解釈を示す（2）。続いて、この問題についての私の見解を示した（3）のちに、本章の総括を行ないたい（結語）。

1　可感的な物の実在性に関する問題

上記の可感的な物の実在性に関する問題を考える上で障害になると思われるのは、バークリがまさに上述の集合体テーゼ、内属テーゼ、ＥＩＰテーゼを認めていることにある。というのも、つぎのようなことが考えられるからである。第一に、もしわれわれの身の回りの日常的な物がわれわれ自身が持つさまざまな感覚ないし観念の集合体にすぎないのであれば、そのような物はわれわれ自身の想像の産物にすぎないのではないかというような懸念が生じるかもしれない。第二に、もしそのような可感的な物がわれわれ自身の心の中にしか存在しないのであれば、それは真に常識的な意味で実在すると言えるものなのかという疑念が生じうる。第三に、もし可感的な物が知覚されることなしには存在できず、可感的な物が存在することは知覚されることにすぎないのであれば、同じく、そのような物は真に実在するとわれわれが日常的に認めるようなものではないのではないかという疑問が起きるであろう。以上のような理由から、上記の非物質論における三つの基本テーゼからは、上述したような可感的な物の実在性に関する問題が生じることになるように思われる。

そして、このような問題はバークリがその説の主要な目的の一つとしている懐疑論の論駁という試みとも密接な関わりがある。というのも、第1章**3**－**4**で見たように、バークリは懐疑論者が持つ意見の一つとして「可感的な諸物の実在を否定する」ということを挙げていることから、[1]このような彼の懐疑論論駁という目的からすれば、彼の非物質論における可感的な物が真なる意味で実在すると言われるものだということは必須のことがらだと考えられるからである。

2　この問題に対する既存の解釈

以上のような可感的な物の実在性に関する問題を検討するにあたって、われわれの日常的あるいは常識的な考え方において、概してなんらかの物が実在するか否かが問題となる場合に、どのような基準によってそれが実在すると言われるのかを考えてみよう。さて、われわれがある物が実在するか否かを話題にするときには、そうでないもの（すなわち、実在しないもの）との対比で、そのような言い方がなされていることがわかる。たとえば、私が目の前の机や山が実在すると信じているとすれば、それらの物は、私が夢や空想でいつか見た山や机とは異なるものとして、そのように言われていると考えられる。では、そのような実在する机や山と夢や空想におけるそれらは、どのような仕方で異なるということになるのだろうか。もちろん、さまざまな理由から現実と妄想の境界があいまいになる事例は複数挙げられるとはいえ、通常、われわれは普段からこれらの違いを当たり前のように把握していると言ってよいだろう。とはいえ、かりに前者が実在の世界であり、後者が夢や妄想の世界であると言うとすれば、両者の違いを知ることは、言うまでもなく、われわれの日常生活においてきわめて重要かつ根本的なことがらである。そして、このようなことが問題となるとき、われわれは、実在の山や机はわれわれの心やその知覚とは別に（すなわち、独立に）存在し、夢や妄想における山や机はわれわれ個々人の心の中だけにあるものと考えるのではないだろうか。[2] そして、このような考え方に依拠することによって、非物質論における可感的な物はわれわれの常識的な意味で実在すると言われるに値するものだとみなすことができるかもしれない。というのも、いま問題となっている集合体テーゼ、内属テーゼ、EIPテーゼ以外に、バークリは、「観念と心はまったく種類を異にする別ものの存在者である」という相異性テーゼも認めていたからである。そして、この相異性テーゼに訴えることで、非物質論における可感的な物の実在性は担保されるという考え方がありうるだろう。

ところで、バークリの常識擁護の側面にとくに力点を置く解釈者として知られ、上述したような考え方に基づいて、非物質論における観念ないし可感的な物の実在性を容認しようとする解釈を行なうのは、A・A・ルースである。彼は、バークリ的な意味での「心の中の存在」である可感的な物ないし感官の観念を知覚者の想像や能力の産物とするような、従来からのカント的な解釈[3]を批判する。ルースは、バークリが相異性テーゼを認めている点を強調し、その上で、内属テーゼにおける「心の中に」という術語を、心と観念との間のなんらかの同質性（空間的な位置や部分の共有など）を意味するものではなく、「心にとって直接的な認知関係にある（in direct cognitive relation to the mind）」の略語として解釈するべきだと主張する（Luce, 1968a, 286）。このような考え方によれば、非物質論の体系において、心という存在者と観念という存在者はなんらかの意味で互いに独立していることがいわば存在論的に確保されており、そのような意味で、（さまざまな感官の観念の集合体としての）可感的な物とわれわれの心とが独立して存在しているということは容認されうるということになるのであろう[4]（Cf. Luce, 1968a, 284-295）。

しかし、このようなルースの見解に対しては、S・A・グレイヴによる批判がある。グレイヴは、ルースがとくに強調を置いた「観念と心とは互いに異なるものである」という本書の呼び方で言うところの相異性テーゼを「相異性原理（distinction-principle）」と呼び、同時に、これに対立する「同一性原理（identity-principle）」が非物質論には見出されるとする（Grave, 1968, 298）。それは、集合体テーゼ、内属テーゼ、EIPテーゼといった考え方に即して、観念ないし可感的な物とそれに対する個々の心による知覚とを一体的に捉える見方である[5]。たしかに、バークリは、『原理』第一部第一三節において集合体テーゼ、内属テーゼ、EIPテーゼを示したのちにも、「可感的な諸対象の存在をそれらが知覚されることとを区別して、それらの対象が知覚されずに存在すると想念する（conceive）こと」は不可能であるとし（*PHK* 5）[6]、また、『対話』においては、フィロナスの発言として、「私が知覚するさまざまな物が私自身のさまざまな観念であることは明らかだ」（*DHP* II 214）と言われている。このような考え方に従えば、グレイヴの言うように、諸観念ないしそれらの集合体である諸物の存在は、個々人の知覚に依存することになるだろう。したがって、グレイヴが指摘するような論点が考慮に入れられれば、私の知覚対象である感官の観念ないし可感的な物は私の心の中に存在するものでしかないと考えられ、結局、バークリの非物質論において、われわれの常識的な意味での物の実在性は保証されないことになるようにも思われる。(7)

3　可感的な物の実在性の擁護

それでは、非物質論における可感的な物に関する実在性の問題についてはどのように考えればよいのであろうか。また、上述したような、われわれの日々の生活における根本的なことがらの一つである、実在ないし現実と夢ないし妄想との間の違いを区別することについては、非物質論においては、どのように考えられるのであろうか。この問題に対しては、バークリ自身が、『原理』第一部第一－三三節において非物質論の基本枠組を示した直後に、想定される第一の反論に対して答えるという形で応じている。

先述の原理によれば、つぎのように反論されるであろう。(8)自然界の実在的で実体的なものがすべて世界から追放され、その代わりに、さまざまな観念の妄想的な（chimerical）体系が生じることになる。存在するあらゆる物は心の中にのみ存在する、すなわち、それらの物は純粋に思念的

> なもの（notional）である。それでは、太陽、月、星々といったものはどのようになるのか。もろもろの家、川、山、木、石といったもの、いや、われわれ自身の身体でさえ、どのように考えられなければならないのか？　これらすべてのものはあまたの空想（fancy）上のさまざまな妄想（chimeras）や幻覚（illusions）にすぎないのだろうか？　このようなあらゆる反論に対して、そして、それ以外に反論されうる同じような種類のいかなることに対しても、私はつぎのように答えよう。先述の原理によっても、われわれは自然のうちにいかなるものも奪われることはない。われわれが見たり聞いたり触れたりあるいはなんらかの仕方で想念したり理解したりするものは、どのようなものであれ以前と同様に確実なままであり、また、それらは以前と同様に実在する。自然物（*rerum natura*）は存在するのであって、さまざまな実在と妄想の間の区別は、依然として十分な力を保っている。このことは、二九、三〇、三三節から明らかであって、そこでわれわれが示したのは、妄想、すなわち、われわれ自身が形づくるさまざまな観念と対立するような、実在物（*real things*）ということで意味されるものである。しかし、そうはいっても、それらはともに等しく心の中に存在するのであり、そのような意味において、それらは同様に観念（*ideas*）ではあるのである。（*PHK* 34）

前節において検討したことでとりわけ注目されるべきであるのは、バークリにとって、感官の観念や可感的な物の存在が個々の心に依存するのかという点であろう。そして、このことが非物質論とわわれわれの日常的な物の実在性についての常識との間の折り合いの問題を考える際の一つの鍵になると考えられる。

そこで、われわれが可感的な物の実在性に関する問題を考える上で鍵となる論点を、「感官の観念ないし可感的な物がわれわれの心やそれに対するわれわれの知覚とは独立に存在するか」という課題から、「われわれ個々人の観念のうちに実在のものとそうでないものとの間の区別がつくか」という課題へと移行させることが認められるならば、観念と心の間の相異性といった存在論的な主張に訴えずとも、この問題には対処可能だと考えられる。そして、実際に、この問題に対するバークリの対応もそのようなものであったと理解することができる。というのも、上記の引用箇所の末尾では、バークリは可感的な物の実在性に関する問題を実在的な観念と妄想的な観念との間の弁別可能性に関する課題とみなしていることが示唆されているように思われるからである。そして、そこでは、実在物と妄想ないし夢はともに観念でありながらも区別可能だと言われており、その根拠が示されている箇所として、『原理』第一部第二九、三〇、三三節を見るように指示がなされている。では、これらの節では、どのような議論が行なわれているのだろうか。

私が自分自身の思考〔＝想像の観念〕に対していかなる力を持っているにしても、私が見出すのは、感官によって実際に知覚される観念が〔想像の観念と〕同じように私の意志に依存するのではないということである。私が白昼に自分自身の眼を見開いたときに、私が見るか見ないかといったことを選んだり、あるいは、私の視界にどのような特定の対象が現われるかを決定したりすることは、私自身の能力のうちにはない。そして、そのことは聴覚やそれ以外の感官に関しても同様なのであって、感官に刻印されるさまざまな観念は、私の意志の産物ではない。それゆえ、それらの観念を生み出す、〔私以外の〕ある他の意志ないし精神がある。（*PHK* 29）

この一節は、われわれが知覚する感官の観念ないし可感的な物の原因となる神の存在を導く論証が行なわれているとされる箇所である。その論証は、バークリ研究者の間ではジョナサン・ベネットによる「受動性論証（passivity argument）」（Bennett, 1968, 382-383; Bennett, 1971, 165-167）という呼称で知られている。そのような神の存在を導くまでの推論を再構成すれば、つぎのように示すことができるだろう。

1. 想像の観念は、私の意志の自由になる（*PHK* 28）。

2. 感官の観念ないし可感的な物は、私の意志に依存せず、その知覚に関して私の心は受動的である（*PHK* 29）。（「感官知覚の受動性」）[9]

3. 物質は存在しない（*PHK* 3-24）。

4. 観念のうちには能力（power）や能動性（activity）は知覚されない（*PHK* 25）。

5. したがって（**1**、**3**、**4**より）、観念の原因はすべて心である（*PHK* 26）。

6. 以上から（**2**、**5**より）、感官の観念ないし可感的な物の原因となる、私以外の「ある他の意志ないし精神」（神の存在）がある（*PHK* 29）。

続いて、上記の『原理』第一部第二九節において参照指示がされている同第三〇、三三節でどのような議論がなされているのかを見よう。同第三〇節では、つぎのように述べられている。

感官の観念（ideas of sense）は、想像の観念（those of the imagination）と比べて、より力強く活気があり判明（strong, lively, and distinct）である。同様に、感官の観念は、不変性、秩序、整合性（steadiness, order, and coherence）を持ち、人間の意志の結果である観念〔＝想像の観念〕がしばしばそうであるようにでたらめに喚起されるのではなく、規則的な順序ないし系列（regular train or series）において喚起されるが、そのような賞賛に値する〔さまざまな観念の〕結合は、その創造主の叡智（wisdom）と善意（benevolence）を十分に立証するものである。さて、そのような不動の規則ないし確立された秩序（the set rules or established methods）はそこにおいてわれわれが依存する心〔創造主〕がわれわれの中に感官の観念を喚起するものであるが、そのような秩序は「自然法則（the *Laws of Nature*）」と呼ばれる。そして、これらの法則をわれわれは経験によって学ぶのであるが、そのような経験によって、われわれは、さまざまな物事の通常の経過においては（in the ordinary course of things）、かくかくの諸観念にはしかじか

の諸観念が伴うということを教えられるのである。（*PHK* 30）

上記の一節では、力強く活気があり判明であり、不変性、秩序、整合性を持った感官の観念が規則的な順序ないし系列において喚起されるような、さまざまな観念の間の結合のあり方（不動の規則ないし確立された秩序）が「自然法則」と呼ばれており、そのようなさまざまな感官の観念の間の規則ないし秩序の創造主が神の存在であることが示されている。そして、われわれは、このような自然法則を経験によって「さまざまな物事の通常の経過においては、かくかくの諸観念にはしかじかの諸観念が伴う」という仕方で学ぶとされている。加えて、同じく『原理』第一部第三四節で参照指示がなされている同第三三節では、つぎのように言われている。

> 自然の創造主によって感官に刻印されるさまざまな観念は実在物（*real things*）と呼ばれる。そして、想像の中に喚起される観念は、〔感官の観念に比べ〕規則的であったり鮮明であったり恒常的であったりすることに乏しいので、より正確には、さまざまな〔実在〕物のさまざまな観念ないし像（*images*）と称されるが、それらは実在物によって模写されたり表象されたりするものである。しかし、そのとき、われわれのさまざまな感覚は、たとえどんなに鮮明であったり判明であったりしても、それにもかかわらず、それらは観念である。すなわち、それらの観念は、心の中に存在する、すなわち、心によって知覚されるのであって、そのことは心自身が形づくる

さまざまな観念とまさに同様なのである。(*PHK* 33)

以上のような議論を踏まえて、先の『原理』第一部第三四節では、実在物と夢や妄想との間には(バークリ的には、それらはともに心の中の観念であるにもかかわらず)区別がつくと述べられている。ここで重要なのは、バークリによれば、実在物(の観念)は、想像の観念とは異なり、自然の創造主、すなわち、神にその存在の根拠が求められるが、前者には「規則性、鮮明さ、恒常性」が伴う一方で、後者はそれらの面で劣るという点で、両者は区別可能だとされていることである。(10) そして、このような考え方は、一面においては、日々の生活において夢ないし妄想と現実とを区別する際のわれわれの実情にも即しているものと考えられる。というのも、バークリが感官の観念も想像の観念も同じく心の中の観念だと言うのと同様に、たとえば、われわれが夢と思われる世界(知覚対象)と現実と思われる世界(知覚対象)を比較する場面において、それらの存在を識別する手段としてわれわれ個々人自身の経験しか頼ることができない場合、あるいは、われわれ自身の身の回りの世界についての経験を相対化する手段をまったく想定できないような場合には、われわれ個々人の目の前の世界のうち、一方のものが私の心とは独立し、他方のものは私の心に依存するなどということを確定することは不可能だからである。(11) しかし、われわれは、実際に、夢とされる世界は鮮明ではないと感じ、また規則的な仕方で同じ夢を見ることなどできないが(もしそのような仕方で夢を見ることができるのであれば、概して、それはもはや夢とは言えないだろう)、現実とされる世界については、それをより鮮明だと感じ、そこにおいては、概して特定の状況において決まって同じ物を見ることができる。そして、われわれが日常生活において、たとえば朝に目が覚めて少し前の出来事が夢であったのか現実であったのかを判断する際には、バークリが示すような私自身のさまざまな観念の間の規則性、鮮明さ、恒常性に訴えるというような方法を実際に採っていると言うことができるだろう。

このような考え方が認められるならば、先に検討した、可感的な物の実在性に関する問題を考える上での「感官の観念ないし可感的な物がわれわれの心やそれに対するわれわれの知覚とは独立に存在するか」という基準については保留にしつつも、非物質論の枠組において、われわれが日々の生活で接する諸物は実在し、夢や妄想とは区別されると言われうるであろう。

結語

以上の吟味により、非物質論の基本テーゼを認めた上で、バークリの言う可感的な物ははたしてわれわれが日常的な物に認めるような常識的な意味での実在性を持つことになるのかという課題（可感的な物の実在性に関する問題）については、バークリが示す相異性テーゼに頼らずとも、『原理』第一部第二九－三四節で示された議論に訴えることによって対処される解釈上の可能性が見出された。とはいえ、非物質論と呼ばれる哲学体系とわれわれの常識との関係をより厳密に検討すれば、やはり相異性テーゼは必要になるように思われる。というのも、非物質論において、心の存在が認められ、かつ、われわれの知覚対象としての観念の存在が認められているとしても、それらが互いに独立に存在するということでなければ、たとえば、ヒラリー・パトナム（Hilary Putnam, 1926-2016）が彼の有名な論文（Putnam, 1982, 1-21）で示した「培養槽の中の脳（brains in a vat）」のような仕方で、バークリの説は一種の唯心論（世界を構成する存在者として、心とその様態の変化のみを認める立場）のようなものになるのではないかという懸念が残るからである[12]。このような問題については、第6章**4**で検討したい。

加えて、本章で検討したことがらの中で、留意すべき重要な点について簡単に触れておきたい。それは、本章で見た「ある他の意志ないし精神」としての神の存在によって与えられるさまざまな観念の間の規則性、鮮明さ、恒常性の違いによって、実在ないし現実と夢ないし妄想との間の区別がつくという考え方についてである。すなわち、この考え方に従って、たとえば、われわれが目の前の出来事が現実か夢かといったことを識別しようとするときに、そのようなさまざまな観念の間の規則性・鮮明さ・恒常性の違いを把握するためには過去の記憶（バークリ的に言えば、過去に得た感官の観念ないし想像の観念）が参照される必要があるということは留意されるべきであろう。このことは次章以降で扱う問題にも少なからず関係する論点の一つなので、簡単に注意を喚起しておくことにしたい。

（1）第1章**3**-**4**で確認したこと、すなわち、『対話』第一対話において「懐疑論者」が持つ意見としてどのようなことが挙げられていたのかを再度確認しておくと、①感官を信用しないこと、②可感的な諸物の実在を否定すること、③可感的な諸物についてなにも知らないと主張すること、の三つだった。

（2）たとえばアレクサンダー・ミラーが概略的に示すところでは、机や石ころといった日常的な物についての実在論には二つの一般的な側面があると考えられ、一方の側面は、そのような日常的な物の存在に関することであり、他方の側面は、そのような物のわれわれの信念や言語実践や概念的枠組との独立性に関することだとされる（Miller, 2002/2014）。バークリの言う相異性テーゼがこのような意味での知覚対象のわれわれの信念や言語実践からの独立性を意味するものだとすれば、たしかに、そのようなテーゼ（原理）に訴えることによって、われわれの日常的な物の実在性は保証されることになるかもしれない。しかし、そのような独立性の容認は、ＥＩＰテーゼが提示された際（*PHK* 3）に示された、思考されることや知覚されることとは独立に観念ないし可感的な物が存在することを否定する主張とまともに矛盾することになるように思われる。

（3）ルースは、カントの『純粋理性批判（*Kritik der reinen Vernunft*）』における「観念論論駁（Widerlegung des Idealismus）」（*KRV*, 320-321）の項を参照指示しながら、カントによるバークリ理解を以下のように示している。「カントはそれ〔＝バークリが用いる「心の中（in the mind）」という術語〕を「空間にある諸対象がたんなる想像の産物（mere products of the imagination）にすぎない」ことを意味するものとみなした。今日の解釈者は、賢明な思想家〔＝バークリ〕がそのようなナンセンスな考えを抱いていたとみなすことに気が進まないが、彼らの多くはカントとほとんど同じ間違いをしている。彼らは、カントの「想像の産物」という言葉を「われわれの能力の産物（products of our faculties）」に置き換えて、より控えめにかつより大雑把にバークリを非難する。しかし、そのように言い方を変えたところで、バークリの心の中の存在は心的存在だという彼らの訴えの趣旨に変わりはないだろう」（Luce, 1968a, 284）。なお、『純粋理性批判』では、バークリ的な観念論のことが「空間に加えて、空間が不可分な条件として結びついているあらゆる諸物をそれ自体では存在できないものとして、それゆえ、空間における諸物をもたんなる想像（bloß Einbildung）として説明するもの」と言われている（*KRV* 320）。また、カントの『プロレゴーメナ（*Prolegomena*）』では、（バークリの集合体テーゼに即した仕方で）「たんなる表象（bloß Vorstellungen）を物（Sachen）にする」バークリ的な観念論のことが「夢想的観念論（träumenden Idealismus）」と呼ばれている（*Prolegomena* 47-48）。加えて、『プロレゴーメナ』の「付録（Anhang）」（*Prolegomena* 145-155）におけるカントの立場とバークリのそれとの異同についての説明に関しては、冨田、二〇一七、五－八を参照されたい。

（4）とはいえ、以下の引用文に見られるように、バークリは、諸物がすべての心（そこには神が含まれる）と独立に存在するという考えを認めていないことには注意が必要である。「諸物体が心の外に存在しないと言われるときにはいつでも、私がそれによって意味していると理解されたいのは、あれこれの個別的な心のことではなく、すべての心のことである」（*PHK* 48）。「フィロナス　可感的な物が心の外に存在することを否定するときに、私は、個体としての私の心の外を意味しているのではなく、すべての心の外のことを意味しているのだ」（*DHP* III 230）。「フィロナス　物質論者と私との間の問題とは、諸物があれこれの人物の心の外に実在するのか否かということではなく、諸物が、神によって知覚されることとは別に、そして、すべての心の外に、絶対的に存在するのか否かということである」（*DHP* III 235）。

（5）第1章**2－2**で確認したように、バークリは、つぎのように述べている。「このような知覚する能動的な存在者を、私は心、精神、魂、あるいは、私自身と呼ぶ。そのような言葉によって、私は、自らのさまざまな観念のうちのいずれかのものも意味表示しているのではない。そうではなく、私は、そのような私の観念とはまったく別のものを意味表示しているのである」（*PHK* 2）。ここでは、グレイヴの言う相異性原理が念頭に置かれているものと考えられる。そして、上記引用文の直後には、つぎのような一節が付け加えられている。「それら〔私の諸観念〕がその〔心の〕中に存在する、あるいは、同じことだが、それら〔私の諸観念〕はそれ〔心〕によって知覚される。というのも、ある観念の存在はそれが知覚されることに存するからである。」（*PHK* 2）。他方で、ここではグレイヴの言う同一性原理が引き合いに出されているものと考えられる。

（6）このような議論については、すでに第1章**3**-**1**で見たとおりである。

（7）グレイヴは、バークリの説において、「相異性原理」（相異性テーゼ）と「同一性原理」（集合体テーゼ、内属テーゼ、EIPテーゼ）が両立する可能性はなく、非物質論を構成する基本テーゼとして後者の原理が優先されるべきと考え、前者を放棄し、後者を採用するという戦略を採る。そして、可感的な物の実在性の問題や第4章で取り上げる可感的な物の存在の継続性や公共性に関する問題に対して、彼は、バークリが示す神の心の中の「原型（archetype）」（*DHP* III 248）に訴えることで、これらの問題に対処するという路線の解釈を示す（Grave, 1968, 296-306）。

（8）ここで示されたバークリ自身による想定された反論は、カントによるバークリ批判を予想するものだと言えるかもしれない。本章注（3）参照。

（9）この「感官知覚の受動性」については、第3章**3**でくわしく確認する。

（10）ヒュームにおいては、「人間の心のあらゆる知覚」が、「力強さと活気の度合い（degrees of force and liveliness）」によって、「印象（impressions）」と「観念（ideas）」に区分されている。前者は「最大限の力強さと激しさをもって入り込む知覚」であり、後者は「思考したり推論したりする際のそれら〔＝印象〕の生気のない像」とされる（*THN* 1.1.1）。

（11）J・L・オースティン（John Langshow Austin, 1911-1960）は、「われわれが「実在するx」と「実在しないx」との間の区別をつけるのは、どのようなものが実在するxであるのかということとどのようなものがそうでないのかということを語る仕方がある場合に限られる」（Austin, 1962, 77）と言う。このように、たとえば実際の生活の場面においてわれわれが自分自身の経験と想定されるものしか拠りどころとできない場合や、あるいは、バークリが「私が知覚する諸物が私自身の諸観念であることは明らかだ」（*DHP* II 214）と言うように、たとえば他者の声なども含めて目の前で繰り広げられる世界がたんに私自身の知覚対象でしかないと想定された場合には、私自身の経験によっては、どの対象が私と独立に存在し、その対象が私に依存して存在するかを確証する手立てがないことになる。

（12） パトナムは、有名な論文「培養槽の中の脳（Brains in a Vat）」（Putnam, 1982, 1-21）において、「哲学者たちによって議論されているSF的な可能性」として、以下のような思考実験としての想定を取り上げている。それは、ある人間（あなた）が邪悪な科学者によって手術を受けることによって脳と身体とを切り離されるが、取り外された脳は培養液の入った水槽に漬けられており、そのような脳の持ち主は、すべてが完全に通常であるような、いわば仮想現実（virtual reality）としての幻想を持つようにさせられているという想定である。このような想定は、われわれが身の回りの実在する世界についての確実な知識を持つという常識的な考え方に疑問を呈する懐疑論的な議論の一種として、しばしば哲学者によって検討されてきた。そして、そのような懐疑論を論駁するには、この種の想定に対してなんらかの対処をする必要があると考えられてきている。なお、パトナム自身は、この「培養槽の中の脳」の想定によって、上記のような懐疑論的な結論を導こうとしているのではなく、彼の立場は実在論的なものである（Cf. 冨田、一九九四、七五‐七八、Psillos, 2007, 202-204）。

第3章　可感的な物に対する感官知覚の直接性

序

バークリは、われわれが身の回りのさまざまな対象（可感的な物）を感官によって知覚する際に、それらを直接的に知覚する（immediately perceive）場合と、間接的に知覚する（mediately perceive）場合があることを示している。本章で検討するのは、そのようにバークリが言及している「直接知覚」と「間接知覚」というわれわれの感官知覚のあり方の区別に伴う問題である。これから見ていくように、われわれがさまざまな可感的な物を感官によって直接知覚すると言われるような場合についてのバークリの説明の仕方には、二通りのものが見出される。加えて、彼は、われわれが可感的な物を間接的に知覚するという場合についても言及している。そこで、本章では、彼の非物質論に見られる「直接知覚」ないし「間接知覚」という考え方をめぐる問題を検討したい。

本章の構成は、つぎのとおりである。最初に、上記のようなわれわれの感官知覚についてのバークリの見解に見られる解釈上の問題点を示す（1）。続いて、バークリ哲学の核心の一つと言える「示唆」という心のふるまいについての考え方に付随する重要な論点を示し（2）、彼がわれわれの感官による知覚をどのようなものと捉えたかを見る（3）。続いて、以上の吟味を踏まえ、「非物質論の下で、われわれは身の回りの物を直接知覚すると言えるのか?」という本章における課題（「可感的な物に対する感官知覚の直接性に関する問題」）に対する本書の見解を示し（4）、さらに残る課題として、本章の課題に付随する問題についても検討し（補論）、本章を総括したい（結語）。

1　可感的な物は感官によって直接知覚されるのかという問題

では、バークリが言及するわれわれの感官による「直接知覚」というのはどのようなことなのだろうか。第1章3‐4で見たように、『対話』第一対話の冒頭では、可感的な物とは感官によって直接知覚されるものにすぎないこと、そして、集合体テーゼに即して、可感的な物はさまざまな可感的諸性質の集合体にほかならないことが確認されている。したがって、非物質論におけるさまざまな観念ないしそれらの集合体である可感的な物とはわれわれの感官によって知覚されるものにほかならないということは確かである。しかし、以下で見るように、われわれがある対象を感官によって「直接知覚する」（ある対象がわれわれによって「直接知覚される」）と言われるような場合についてのバークリの説明の仕方には、知覚される対象の違いによって二つの異なる種類のものが見出される。

一方の「直接知覚」についての説明のあり方は、バークリが感官の対象が直接知覚されるとおりに存在することを疑う見解を懐疑論的立場として批判する際に、おもに見出されるものである。

フィロナス　端的に言って、私の意見では、さまざまな実在物（real things）とは、まさに私が見たり触れたり、さまざまな感官によって知覚するもののことだ。それらのもののことを私が知っているということ、そして、それらの実在物があらゆる生活の必要と目的に適っているということが、それ以外の未知の存在者〔＝物質〕を求めない理由なのだ。たとえば、一切れの可感的なパンは、あなたが言っている可感的でなく理解不能で実在的なパンよりも一万倍以上も私の胃袋に留まるだろう。同じく、さまざまな色やそれ以外の可感的な諸性質が対象に属しているというのも私の意見だ。雪が白く、火が熱いということを私は命がけで考えざるをえない。なるほど、あなたは、雪や火ということで特定の外的で知覚されず知覚しない実体のことを意味しているので、白さや熱さがそれらに内在する属性であることを否定することには道理がある。しかし、私は、それらの言葉によって私が見たり触れたりするもののことを意味するので、ほかの民衆（folks）と同じように考えざるをえない。そして、私は、さまざまな物の本性に関して懐疑論的ではないのと同様に、さまざまな物の存在に関してもそうではない。ある物が私の感官によって現に知覚されると同時に、それが実在しないなどということは私にとっては明らかな矛盾だ。というのも、私は、思考においてさえ、ある可感的な物の存在をそれが知覚されることから切り離したり抽象したりすることはできないからだ。木、石、火、水、肉、鉄や、これらに類するさまざまな物、それらを私は名づけたり会話の対象としたりするのだが、それらは私が知るものなのだ。そして、私がそれらを感官によって知覚することがなければ、私はそれらを知ることなどなかっただろう。また、感官によって知覚される諸物は、直接知覚される（immediately perceived）。直接知覚されるさまざまな物はさまざまな観念である。そして、観念は心の外には存在できない。それゆえ、それらの存在は知覚されることにある。それゆえ、それら諸物が実際に知覚されるときには、それらの存在は疑えない。ならば、そのようなあらゆる懐疑論や途方もない哲学的懐疑は排除されるがいい。ある哲学者が、可感的な諸物の存在を疑って、ついに、神の誠実性からそれらの存在を証明したり、あるいは、この点においてわれわれの知識は直観や論証に達しないと主張するに至るなどというのはなんとした戯言なのか？　私が実際に見たり触れたりするような諸物の存在を疑うなどというのは私自身の存在を疑うも同然だろう。（*DHP* III 229–230）

ここでは、感官によって直接知覚される対象は、観念であると同時に、パンといったわれわれの身の回りの可感的な物であり、それが実在物だということが主張されている。[1]そして、以上の一節では、第1章**1－2**で確認したロック的な物質論ないし知覚表象説が念頭に置かれ、われわれの観念の外側にあると想定される物質の存在を実在物とし、われわれはそのような実在物の存在をけっして知ることはできないという考え方が懐疑論的なものだとして批判されているということが理解できるだろう。

その一方で、バークリの哲学には、これとは異なる直接知覚についての見解も見出される。それは、たとえば「光と色以外には、視覚の直接的な対象はない[2]」(*NTV* 129)などと言われるように、彼の視覚論との関連で、彼の哲学において重要な「示唆」という心のふるまいについての考え方が示されるときに、おもに現われるものである。後者の直接知覚と示唆との関係を簡潔に説明する記述として、『弁明』におけるつぎの一節を挙げることができる。

われわれが視覚によって直接(immediately)かつ固有(properly)に知覚するものは、視覚の一次的対象である光や色である。光や色を介して示唆されたり(suggested)、あるいは、知覚されたりするものは、視覚にとって二次的で固有ではない対象と考えられることのできるさまざまな触覚観念である。(*TVV* 42)

ここで、バークリの説において示唆と呼ばれるものがどのようなことであるのかを簡単に確認しておこう。上記の引用文が示しているのは、バークリの視覚論の核心の一つとなる考え方である。『新説』において、「視覚の対象と触覚の対象は二つの異なるものである」（*NTV* 49）、「視覚によって知覚されるさまざまな延長・形・運動は同じ名前によって呼ばれるさまざまな触覚の観念とは種的に別ものであり、また、その両方の感官に共通する同一の観念や観念の種類のようなものも存在しない」（*NTV* 127）などと言われるように、バークリにとって、視覚観念と触覚観念は数的にも種的にもまったく異なるものである。[3] そこで、上記の一節（*TVV* 42）で示されているのは、そのように本来触覚に固有の距離の観念が、視覚に固有の光や色といった観念を介して（記号として）、心に示唆されるという考え方である。たとえば、『新説』では、「ぼやけた視覚（confused vision）と距離の間には必然的な結合はない」（*NTV* 23）にもかかわらず、「より大きなぼやけにはつねにより近い距離が伴われているので、前者の観念〔＝より大きなぼやけ〕が知覚されるや否や、それはわれわれの心に後者〔＝より近い距離〕を示唆する（suggests）」（*NTV* 26）と言われている。すなわち、視覚の観念（光や色の知覚）と触覚の観念（三次元的な距離の知覚）は本来必然的なつながりがないにもかかわらず、われわれは特定の視覚観念（よりぼやけた視覚）の知覚を記号として、他方の観念（より近い距離の観念）が心に示唆されるという仕方で、対象の距離の把握が可能になるということである。そして、このような考え方は視覚と触覚以外の観念の間にも適用される。たとえば、われわれがなんらかの対象が発する音を聞くだけで、それがどの程度の距離にあるのかを把握することができるという経験的事実について、バークリは、「さまざまな物体や外的な諸物は厳密には聴覚の対象ではないが、音だけで、それ〔＝音〕の仲介によって、あれこれの物体や距離の観念が人の思考に示唆される（suggested）」（*NTV* 47）と述べている。以上のことをより一般化すれば、彼の記号理論では、ある感官に固有の観念によって、それ以外の感官に固有の観念など[4]が心に示唆という仕方で結合されるということになる。したがって、彼の説では、たとえば、距離の観念は視覚に固有でなく、視覚が厳密な意味で直接知覚するものは光や色だけであり、味覚には味、嗅覚には匂いといったように、各感官に固有の観念だけが直接知覚されるということが言われる（*DHP* I 175, 204）。

以上のことからわかるように、バークリが示すわれわれの感官による直接知覚のあり方には、知覚対象として「可感的な物」が想定される場合と、同じく「各感官に固有の観念」だけが想定される場合がある。ここでは、前者を「可感的な物に対する直接知覚」、後者を「各感官に固有の直接知覚」と呼ぶことにしよう。そして、これら二つの考え方がともに考慮に入れられるならば、われわれの直接知覚の対象は、結局は、パンなどの可感的な物なのか、あるいは、光や色といった各感官に固有の観念なのかが判然としないように思われる。また、これら二つの直接知覚に関する見解が両立するのかということが問われうる。そこで、つぎに、「間接知覚」という考え方がどのようなものかを見よう。

フィロナス　私は、ある意味では、われわれがさまざまな可感的な物を感官によって間接的に知覚する（perceive mediately）と言われることを認める。すなわち、頻繁に知覚された〔諸観念の〕結合から、一方の感官によるさまざまな観念の直接知覚（the immediate perception of ideas by one sense）によって、ことによると他方の感官に属しそれら諸観念と結合しやすい他方の諸観念が心に示唆される（suggests to the mind）ような場合のことだ。たとえば、私が馬車が通りを走るのを耳にするとき、私が直接知覚するのは音だけだ。しかし、そのような音が馬車に結合されるのを私が経験してきたことから、私は馬車を耳にする（hear the coach）と言われるのだ。けれども、明らかなのは、真にまた厳密には、音以外にはなにも聞かれることはできず、それゆえ、馬車は、感官によって固有に知覚されているのではなく、経験から示唆されているということだ。なので、同じく、われわれが赤く熱した鉄の棒を見ると言われるとき、その鉄の固性や熱さは、視覚の対象ではなく、視覚によって固有に知覚される色や形[5]によって、想像（imagination）に示唆されるということになる。要するに、いずれかの感官によって実際にかつ厳密に知覚されるのは、同じ感官がわれわれに最初に与えられた場合に知覚されるであろうものだけなのである。それ以外の諸物に関しては、それらは以前のさまざまな知覚に基づいた経験によって、心に示唆されるだけだということは明らかだ。（*DHP* I 204）

この引用文は『対話』における一節であるが、そこでは、『新説』などにおける彼の視覚論に通じる考え方が示されている。この一節では、先述の可感的な物に対するわれわれの直接知覚の可能性が否定され、われわれには、各感官に固有の直接知覚だけが可能で、われわれの身の回りの可感的な物は間接知覚されるほかないと言われているかのようである。すなわち、バークリの説では、われわれの直接知覚の対象は、なんらかの音や赤さだけで、それによって示唆される可感的な物としての馬車や鉄の棒は、「間接知覚」の対象にすぎないという解釈がなされうる。そして、実際に、これら二つの知覚に関する見解が両立することや可感的な物に対する直接知覚の可能性に疑問を呈し、上の一節で「われわれが馬車を耳にする」ことが否定されていると見る解釈は存在する（Armstrong, 1961, 19–25; Dicker, 1982, 51）。また、彼の説で「馬車を耳にする」ことは、理性による推論とみなす見方もある（Bennett, 1971, 142–144; Dicker, 1982, 52–66）。

これらの解釈は、一見して、われわれが日常的な諸物である可感的な物を直接知覚するというバークリの主張への打撃となる。そして、われわれは身の回りのさまざまな対象を直接的に見たり知ったりするということがわれわれ一般大衆の常識的信念なのだとすれば、バークリの哲学はそのようなわれわれの常識的信念を捉え損なっているという危惧が生じる。また、もしわれわれが可感的な物を間接的な仕方でしか知覚できないということになれば、本節で最初に示した引用文（*DHP* III 229–230）でも示されているような懐疑論論駁というバークリの非物質論の主要な目的の一つとの見解の不一致も疑われることになるだろう。

とはいえ、彼は、上述したような、可感的な物に対する感官知覚についてのわれわれの常識的な信念を擁護するような主張を掲げる以上、われわれが、たとえばある可感的な物の一部となる視覚観念だけを知覚している場合でも、たんなる光や色の現われを見ているのではなく、なんらかの具体的な意味を持つ可感的な物を知覚することにならなければならないだろう。さらに、彼の説で、もしなにかを見るだけでそれを直接知覚することになるのであれば、ただなにかについて聞く場合についても同様でなければならないはずである。その理由として、二つのことが挙げられる。第一の理由としては、聴覚と視覚の知覚の様式は同じとされているからである(NTV 46)。もしこのような主張を認めるのであれば、たとえば、われわれは、ある対象を味わったり触ったり匂いを嗅いだりしなくても、その赤くて丸い形を見るだけで、それをりんごとして直接知覚していると考えるのがわれわれの常識に即した考え方なのだとすれば、ある特徴的な音だけが聞かれている場合でも、それが馬車として直接知覚されていると言えなければならないはずである。そして、第二の理由としては、まさにわれわれの一つの常識的な見解との兼ね合いで憂慮される点が見受けられるからである。同じ例を用いて言えば、われわれは、もしある色や形だけを見て、それをりんごとして直接知覚すると言われるのだとすれば、たとえば音の場合でも同様でないとすれば、われわれは視覚を五感のうちで特別なものとみなすことになってしまう。もしわれわれがそのような仕方で視覚に優位を置くような(視覚中心的な)考え方に同意するのであれば、たとえば生まれつき視覚能力を持たない人は、けっして身の回りの物を直接知覚できないということになってしまう。しかし、まさにわれわれの一つの常識的な観点からすれば、このような考え方は受け入れがたいものだと言えるだろう。

以上のことから、本章の課題として検討されるべきなのは、つぎのことだと考えられる。すなわち、もしわれわれが可感的な物に対する直接知覚についての常識的な考え方をバークリに帰するのであれば、彼の説の下で、われわれは可感的な物に対する直接知覚を行なうと言うことができ、さらに、たとえば、上で示したバークリによる馬車の例においては、われわれは馬車を耳にする（ある音を聞くことで、それを馬車として直接知覚する）と言えなければならない。そのためには、第一に、われわれは、一つの感官に固有の観念だけ（たとえば、音だけ）が与えられている場合でも、その対象を可感的な物と知覚すると言えること、第二に、そのような可感的な物をなんらかの意味で直接知覚していると言えること、これら二つの条件が必要だろう。以下では、「バークリの非物質論において、われわれは、その音を聞くだけで、馬車を耳にする（直接知覚する）と言われることは可能なのか？」ということを検討しながら、解釈上、上記の二つの条件が満たされうるかを吟味しつつ、「非物質論の下で、われわれは身の回りの物を直接知覚すると言えるのか？」という本章の課題に接近したい。

2　「示唆」という考え方に付随する重要な論点

ところで、ジョナサン・ベネットは、上記の馬車の例においては、「客観的な音」と「聴覚上の感覚与件」が混同されていると言う（Bennett, 1971, 144）。しかし、この例で、客観的な音と主観的な音が多義的に意味されているわけではないであろう。というのも、バークリは、「実在する音が決して聞かれないと言うのは哲学的な逆説にすぎない」（*DHP* I 183）として、「通俗的（vulgar）あるいは聞かれる音と、哲学的で実在的な（philosophical and real）音」（*DHP* I 182）の区別を排除するからである。また、経験的な諸観念の結合によって「私は馬車を耳にする」と言われているとき、その知覚対象がベネットの言うようなたんなる音であるとしてみなされてはならない。なぜなら、そもそもこの例では示唆というわれわれの心のふるまいについての考え方が説明されており、先述のように、それは、一方の感官に固有の観念にそれ以外の観念が結合されることなので、耳にすると言われてはいても、たんなる聴覚観念に限定されない知覚対象が含みとして想定されていると考えられなければならないはずだからである。では、そのような知覚対象とは、どのようなものなのだろうか。

盲目で生まれたがその後に成人して見ることができるようになった人は、はじめて視覚を用いるときに、さまざまな視覚の観念を、それらが規則的にともにあることや互いに一つの名前の下にふさわしく束ねられていることを経験してきている他の人びとと同じような判明な集合体（collections）へと区分することはないだろう。[7]（*NTV* 110）

これは、視覚を急に持つようになった人が、はじめて見るという行為を行なう際に、最初に得る視覚観念を一つの単位の可感的な物として知覚できないことを予想する論述の一部である。ここで重要なことは、はじめて視覚を用いる人とそうでない人では、互いに経験的に持つ観念の集合体に相違があるという点である。通常の人は、特定の条件下での視覚観念やそれに伴う触覚観念などの諸観念の規則的な集合体を経験的に持ってきているが、視覚を持たない一定の期間を経たのちに突然見えるようになった人はそうではない。したがって、そのような経緯を経てはじめて視覚を用いる人は、最初の視覚観念だけでは、それに伴う諸観念の集合体が示唆されないことになる。

ここで思い起こされたいのは、非物質論を構成する基本原理の第一のものとして第1章**2**－**1**で確認した集合体テーゼである。この集合体テーゼが考慮に入れられるならば、一つの感官に固有の観念によって、それに伴う過去の一定の経験に基づいた感官相互の規則的な諸観念が示唆されるとき、それらの諸観念の集合体が、可感的な物として捉えられることになると考えることができるだろう。そして、「馬車を耳にする」と言われるとき、馬車に対応するものは、ベネットの言う「（客観的な）音」などではなく、そのような諸観念の集合体としての可感的な物（＝馬車）だと考えることができる。なぜなら、先述のように、以前から視覚を用いてきた人とそうでない人で視覚経験に違いがあるということがわれわれの経験的事実であるなら、「馬車の音」が与えられたときに、馬車を視覚的・触覚的・嗅覚的に経験してきた人とそうでない人との間で聴覚上の知覚内容に違いがあると考えるのは当然であり、それゆえ、「馬車の音」が示唆する対象は（知覚者にとって相対的なものであり、経験によってそれに結合される諸観念の規則的な集合体も各個人に相対的なものになるとはいえ）上記の集合体テーゼによって可感的な物として捉えられることになると解釈することができるであろうからである。

3　感官知覚に関するバークリの見解

前節における議論によって、その音だけが聞こえているような場合でも、それが馬車＝可感的な物として知覚されると言われうるであろう。つぎの課題は、そのような示唆の対象である諸観念の集合体としての可感的な物はなんらかの意味で「直接知覚」されると言われうるものであると理解できるかどうかということである。かりに馬車の音が可感的な物として知覚されるという理解が可能だとしても、それがたとえば理性による推論の結果であるようなものであったなら、それはもはや直接知覚の対象とは言えないだろう。この問題を考えるために、バークリがわれわれの感官による知覚をどのように捉えたかを見ることにしよう。

そこで、議論を整理するために、第1章**1－2**で確認した、バークリが批判する物質論と彼の非物質論の基本枠組を思い出そう。物質論の枠組は「物質・観念・心」という三つの存在者を想定するものと考えられる。対して、バークリは、そこから物質の存在を消去し、観念と物を同一視することで、われわれが知覚する際に、心と観念（＝物）とが直接対面する構図を念頭に置いているように思われる。彼がこのような構図を念頭に置く理由としては、それによって、彼の説において、われわれは、さまざまな観念ないしそれらの集合体としての可感的な物を直接知覚すると言われることになり、したがって、われわれは身の回りのものをあるがままに知覚していると認められることになり、われわれは懐疑論を免れると考えられるからであろう。対して、バークリの意図としては、観念の向こう側に物質という存在者を想定するロックの三項図式では、われわれは、物質を直接知覚できないということになり、懐疑論に陥るということなるのであろう(8)。

そして、彼は、上記のような二項図式に基づいた彼自身の知覚説に対する反論を想定し、それに対する再反論を準備する。想定される物質論者（ハイラス）からの異議は、この二項図式の間に、知覚作用（感覚）と知覚対象の区別を持ち込み、先述の三項図式を回復する試みである。そこでは、知覚作用は心の中にしか存在できないが、光や色などは知覚対象（心の外の物質）に存在する余地があり、作用のない知覚は物質にありうると論じられる（*DHP* I 194-196）(9)。このような反論に対する再反論の論拠とされるのが、つぎの主張である。

フィロナス　見ることに関して、眼を開けたり閉め続けたり、あるいは、眼をあれこれの方向へと向けたりすることは、あなたの能力のうちにあるのではないだろうか？

ハイラス　疑いなくそうだ。

フィロナス　しかし、この花を見るときに、他の色ではなく、白を知覚することも、同じくあなたの意志に依存するのだろうか？　あるいは、開いた眼を天の向こう側へと向けるときに、あなたは太陽を見ることを避けることができるだろうか？　あるいは、光や闇はあなたの意志作用（volition）の結果なのだろうか？

ハイラス　まったくそうではない。

フィロナス　すると、これらの点に関して、あなたはまったく受動的（passive）だ。（*DHP* I 196）

ここでは、視覚を例に、感官による知覚が「受動的」なものだと言われている。なぜなら、ある花が白く見えたり向こうの空に太陽が見えたりするのは、私の意志の結果ではなく、心の作用によってひとたび眼を開いたなら、そう見ることは不可避的だからである[10]。そして、このような「感官知覚の受動性」が認められれば、心の中にあると考えられるはずの光や色や痛みといった知覚までが（作用のない知覚になると考えられるという点で[11]）物質という対象に存在するという矛盾に陥ると論じられ、件の知覚の区別が排除される[12]。このように、物質論的三項図式の否定の論拠とされるのが、感官知覚の受動性の議論である。

4　可感的な物は直接知覚されるという主張の擁護

このような感官知覚の受動性を根拠に、心と観念（＝可感的な物）が直接対面する構図が成り立つのだとすれば、示唆の対象も直接知覚されると言われるには、示唆の過程も同様に受動的なものであることが示されればよいであろう。そこで、このことがバークリの文献中に読み取れるかを検討することで、本章の問いに答えることにしよう。

さて、バークリは、「われわれが知覚するあらゆるものは、直接的または間接的に、すなわち、感官、または、理性や反省のいずれかによって知覚される」(*DHP* I 205) と言う。この記述は、示唆によって間接的に知覚されると言われる可感的な物(=馬車)が、理性的な推論の過程を経て捉えられると考える余地を与えるものであり、すでに見たように、そのような見方を採る解釈は存在する。では、その音だけが聞かれる馬車は、やはり間接知覚の対象と言われるほかないのだろうか。そこで、つぎの一節を見てみよう。

距離を示唆するこれらの習慣的で経験的なさまざまな手段は、同様に〔触覚的〕大きさも示唆する。同じく、それらの諸手段は一方のもの〔距離〕と同様に他方のもの〔触覚的大きさ〕も直接的に示唆するのである (they suggest the one as immediately as the other)。私が言っているのは、それらは、最初に距離を示唆し、つぎにそこから心に大きさを推論 (infer) ないし計算 (compute) をさせるというのではなく、それらは、距離を示唆するのと同様に、大きさも直接かつ直ちに示唆する (suggest magnitude as immediately and directly) ということである (五三節を見よ)[13]。(*NTV* 77)

さて、これまでの検討過程においては、示唆と呼ばれるものが、感官による知覚に類するものなのか、あるいは、理性による推論的なものなのかが定かではなかった。上の一節（NTV 77）では、大きさの示唆は段階的な「推論や計算」（＝理性的推論と考えられる）によるものではないと言われている。したがって、すでに見たように、あらゆるものが、感官か、もしくは、理性や反省のいずれかを経由して知覚されるのであれば、示唆という心のふるまいは、感官によるものなのかは不明だとはいえ、理性的かつ能動的な推論過程ではなく、感官に類した受動的過程を経るようなある種の知覚と想定されてよいであろう[14]。また、この一節で、大きさが距離と同様に直接示唆されると言われていることも、示唆を直接知覚に準じるものとみなす一つの根拠になると考えられるだろう。そして、このような示唆の捉え方は、われわれの常識的な考え方にも適合するものだと言える。なぜなら、われわれが、厳密には不可視の距離[15]を視覚によって知ることや、日常の多くの場面において、たとえば、家屋の外のある音を聞くだけでそれを自動車として知覚するということは不可避的だと言えるからである。これらの理由によって、示唆が受動的かつ不可避的な心的過程と考えられることから、先述のとおり、示唆の対象も、バークリが意図する観念（＝可感的な物）と心とが直接対面する二項図式の枠内で、推論的な段階を経ず、「直接知覚される」ものだということが言われうるであろう。

以上のような議論を経て、われわれは、バークリの体系において、ある可感的な物のうちの一つの感官による観念しか与えられていないときでも、日常的に身の回りの物を直接知覚し、「馬車を耳にする」と言われることになると考えてよいであろう。では、バークリの言う間接知覚とはなにかと問われるかもしれないが、それは示唆の別表現だと言ってよいだろう。通常、われわれは、日常のほとんどの場面で、なんらかの光や色ないし音だけでなく、同時に、それらを具体的な意味を持つ可感的な物として不可避的に知覚していると言ってよいであろう。もしわれわれが可感的な物を知覚するときにはつねに各感官に固有の直接知覚が介するという点で示唆という心のふるまいが間接知覚と呼ばれるに相応しいのなら、われわれは、そのとき、（バークリの言うように、「ある意味で」）たえず間接知覚を行なっているのだと言える。だが、これまでの議論から、一定の経験を経たのちには、各感官に固有の直接知覚と可感的な物に対する直接知覚とが不可分に結びつき、それらはともに受動的な過程を経ると認められるという点で、われわれは、日常的に可感的な物（それは、われわれ個々人の経験を基にした各人にとって個別的なものではあるが）を直接知覚するということが言われうるであろう。

そこで、最後に、示唆を行なうものは感官でなければどのようなものであるのか、そして、もしそのことが理解可能だとして、そのことはどのような文献上の根拠に基づくと考えられるのかという課題を検討し、本章における一つの結論を示したい。本章**1**で見た「赤く熱した鉄の棒」の例（*DHP* I 204）では、「鉄の固性や熱さ」は、色や形によって「想像（imagination）」に示唆されると言われている。しかし、ここで不都合が生じる。というのも、前章**3**で見たようにバークリは、「想像」や「心想（fancy）」を、それによってわれわれが想像の観念を自由に思い描くことができるということを理由に、「能動的（active）」なものとしているからである（*PHK* 28–29）。しかし、以下では、想像を介すると言われる示唆の過程を受動的なものにする主体があるという理解を可能にし、また、想像に受動的な側面があるという想定を可能にするような文献上の根拠を二つ示すことにしよう。それは、第一に、心理学的な観点からの根拠であり、第二のものは、形而上学的[16]な根拠と考えられるものである。

最初に、そのような心理的観点からの文献上の根拠を見ることにしよう。

> ことによると、純粋空間、真空、あるいは、三次元は、等しく視覚と触覚の対象であると考える者がいるかもしれない。しかし、たとえわれわれが外在性や空間の観念を視覚の直接的対象だと考えるたいそう大きな傾向を持っているのだとしても、私が間違っていなければ、本論のこれまでの部分で、そのような考えは、心想（fancy）の迅速かつとっさの示唆（quick and sudden suggestion）から生じるたんなる錯覚であることが明らかに論証されてきた。そのような心想は、距離の観念と視覚の観念とをたいそう密接に結びつけるので、われわれは、理性が誤りを訂正するまでは、それ〔距離の観念〕が、そのような感官〔視覚〕に対する固有かつ直接的な対象（proper and immediate object）であると考えがちなのである[17]。（*NTV* 126）

ここで言われているのは、つぎのことである。すなわち、それは、第一に、示唆の主体が「心想（fancy）」だということであり、第二に、そのような心想の働きによって、視覚観念と触覚観念が迅速に結びつけられるということである。前節では、バークリが示すわれわれの感官知覚の受動性についての議論を説明するにあたって、そこにおける「受動的」ということを「不可避的」という言葉で言い換えた。ここに至って、そのような「受動的」ないし「不可避的」ということがどのようなことであるかをより具体的に示すことができるだろう。すなわち、それは、ある観念を特定の意味を持つものとして（たとえば、ある赤く丸い形のものをりんごとして、ある視覚対象が特定の距離にあるものとして、といったように）瞬間的に一意的な仕方で把握するということである。そして、上記の引用箇所（*NTV* 126）では、このような心理的な機能を果たす元となるものが心想だということが論じられている。

続いて、示唆の過程を受動的なものとし、また、想像に受動的な側面があるという想定を可能にする文献上の形而上学的な根拠として、どのようなものが挙げられるかを見てみよう。

> 視覚に固有の諸対象は、自然の創造主の普遍的な言語（universal language of the Author of nature）を構成している。（略）視覚対象が、隔たっている対象を表わし示す様式は、人間が規定する言語や記号の様式と同じである。というのも、人間の言語や記号が、それによって示される諸物を示唆するのは、自然とのなんらかの類似性や同一性によってではなく、われわれが経験によってそれらの物と記号の間に見出す習慣的な結合によってのみだからである。（*NTV* 147）

ここで言われているように、バークリによれば、示唆される対象と記号となる観念との関係は、「類似性や同一性」によって保証されるのではなく、恣意的なものである。すなわち、たとえば視覚観念と（触覚に固有の）距離の観念のように、ある一つの感官に固有の観念は、それ以外の感官に固有の観念と必然的な関係を持たない。したがって、バークリの非物質論においては、通常われわれが物と感覚（たとえば、赤く熱した棒とそれに触れることによって感じる熱さの観念）や物と物（たとえば、物体間の衝突による運動）との間に見出している因果関係は、記号関係として捉え直されることになる[18]。そして、バークリの考えでは、われわれが視覚によって距離や立体的な大きさを把握できるのは、記号となる観念と示唆される観念との関係が「自然の創造主の普遍的な言語」という諸観念の結合法則によって成立させられているからだということになる。

このような言語の原因である「自然の創造主」と並行的なものと考えられるのが、先述の感官知覚の受動性を一つの根拠として導かれる、観念や可感的な物の原因としての神の存在である。前章**3**でも見たように、非物質論では、心は意志によって心像を自由に喚起できる点で能動的であるのに対し、さまざまな観念ないしそれらの集合体である可感的な物には「能力（power）」が知覚されないとして、観念や可感的な物の生成変化の原因を心の意志の作用のみに帰属させる（*PHK* 25-29）。このことから、私が受動的に知覚する感官の観念ないし可感的な物を生み出す私以外の原因としての「ある他の意志ないし精神（some other will or spirit）」の存在が導かれる（*PHK* 29, 146）[19]。

このように、可感的な物の生成変化や物体間の関係を生み出す原因は神の存在とされるが、それと並行して、示唆されるときの恣意的な観念間の結合の原因は「自然の創造主の普遍的な言語」とされている。以上のことから、バークリ哲学における示唆とは、われわれの心想（われわれの想像のうちの受動的な側面）によって、神が原因となって与えられる観念間の結合規則である言語を受動的に受け取る過程だと解釈することができるだろう。

補論　可感的な物に対する直接知覚をめぐるさらなる課題

本章では、これまで、バークリが示した馬車の例を取り上げて、彼の説において、ある一つの感官に固有の観念だけが知覚されるとき、それが可感的な物として直接知覚されることになると言えるのかという課題についておもに検討してきた。本節では、補論として、このような課題に関連することがらとして、おもにジョージ・パパスが取り上げた問題を検討することにしたい。

パパスは、非物質論における集合体テーゼを念頭に置きつつ、バークリの直接知覚についての考え方とわれわれの常識との兼ね合いを考える上で、つぎのような問題提起を行なっている（Pappas, 1982, 5-8; 2008, 258-260）。パパス自身が実際に挙げている例を用いて言えば、われわれは、常識的な見方として、たとえばある車やブランデンブルク門を知覚するとき、それらのものを構成するすべての要素を知覚しているわけではなく、その一部（たとえば、ある車の窓・ドア・タイヤなど、ある地点から見たブランデンブルク門の一部）を知覚するのみである。したがって、このようなわれわれの常識的な見方が考慮に入れられるならば、バークリの非物質論において、われわれが集合体テーゼに即して諸観念の集合体にすぎない可感的な物を直接知覚すると言われる場合に、そのような物を構成するすべての要素が知覚される必要があるのではなく、われわれは、そのような集合体の構成要素の一部を知覚することで、ある可感的な物を直接知覚すると言われる必要があるということになる。そして、パパスによれば、バークリが、彼の説において、われわれが可感的な諸物とそれらの諸性質を直接知覚すると主張しているのは、以下の**1**から**3**の前提を通じてのことである（Pappas, 2008, 258–260）。

1. 可感的な物は諸観念の集合体である（集合体テーゼ）。

2. 諸観念は直接知覚される（ＥＩＰテーゼ）。

3. われわれは、ある対象を構成する要素のいくつかを直接知覚することによって、その対象を直接知覚する。

4. （以上から）われわれは可感的な諸物とそれらの諸性質を直接知覚する。

しかし、以上の**1**から**3**の条件が得られたとしても、そのままでは**4**の主張が成り立つと考えることのできないようなわれわれの経験的事実を指摘することができる。すなわち、上記のようなパパスが想定するモデルでは、可感的な物に対するわれわれの感官知覚に関する経験的事実をうまく捉えられないような事例が見出される。以下では、上記のパパスの考え方を無効にすると考えられるような心理学的事例を二つ示すことにしよう。

上記のパパスの考え方に対する反例となるような事例としては、マーガレット・アサートンもパパスのような見解を念頭に置いて論じているが（Atherton, 2008a, 107–114）、彼の考え方では、たとえば、本章2で検討したようなバークリが示している事例、すなわち、盲目で生まれたが一定の成長期間を経たのちに視覚能力を得た人が、はじめて視覚を用いる際に、最初に視野に入ってきた視覚観念をなんらかの有意味なものとして知覚できないであろうという事例に説明がつかないことになるように思われる。すなわち、もしこのような視覚心理学的な事例が事実なのだとすれば、成人して突然眼が見えるようになった人は、ある可感的な物を構成する要素の一部である視覚観念を得ているはずであるのに、それをなんらかの具体的な（有意味な）対象として認知していないことになる。したがって、もしこのような事例において、そのような人は特定の可感的な物を直接知覚していると考えられないのだとすれば、上記のパパスの考え方はわれわれの感官知覚の直接性に関する経験的事実をうまく捉え切れていないということになるだろう。

上記のパパスの考え方に対する二つ目の反例として挙げられるのは、第一の視覚心理学的事例と類似するものではあるが、より端的な事例で、それは「視覚失認（visual agnosia）」と呼ばれる患者の視覚行動である[20]。後側頭葉の一部に損傷を受けた視覚失認という症状を持つ患者は、ある視覚刺激が提示されたときに、それをかなりの程度忠実な絵として模写できるにもかかわらず、それがどのような対象であるのかを特定することができない。すなわち、そのような患者は、ある対象を構成する視覚要素を実際にかなり忠実に知覚できている（バークリ的な可感的な物を構成するさまざまな要素の一部となる観念をかなり正確な仕方で得ている）にもかかわらず、それがなにであるかがわかっていない。したがって、もしこのような視覚失認患者の視覚行動がわれわれの可感的な物に対する直接知覚の事例に当てはまらないと考えられるのだとすれば、上述のパパスによるわれわれの直接知覚についてのモデルは十分なものではないということになるだろう。

以上のようなパパスの考え方に対する検討を経て理解されることは、われわれがある可感的な物をなんらかの有意味なものとして知覚するためには、バークリの言う示唆という心のふるまいが必要だということである。[21] そして、その際にとりわけ重要であると思われるのは、たとえば、ある視覚観念が知覚されたときに、それに付随して過去に繰り返し得られた他の感官の観念が記憶を通じてその同じ視覚観念へとおのずと連結されるというわれわれの経験である。すなわち、示唆というわれわれの心のふるまいにおいてとりわけ重要なことは、ある対象を知覚する際に、過去に得た感官の観念ないし想像の観念が無意識レベルで参照されているというわれわれの経験だと考えられる。このことは、本章で検討した可感的な物に対するわれわれの直接知覚に関する問題だけでなく、第2章で検討した可感的な物の実在性に関する問題においても同様だと考えてよいだろう。というのも、前章の後半部で確認したように、たとえば、われわれが、いままさに知覚している目の前の出来事が夢か現実かを区別する際に、さまざまな観念間の規則性・鮮明さ・恒常性の違いを把握するためには過去の記憶の参照が必要だと考えられるからである（一例として、私がベッドで目覚めたときに、目覚める以前に見ていた視覚的世界は不鮮明かつ不規則的なものであったが、目覚めた直後から得ているそれやベッドに入る前に得ていたそれは鮮明かつ規則的なものなので、前者は夢で、後者は現実に区別されるといったように)。したがって、われわれがありふれた日常生活を過ごす上で、たとえば、目の前の出来事を現実のものとして、目の前の赤くて丸い視覚対象をりんごとして、そのりんごが一定の距離にあるものとしてといったように、特定の対象をなんらかの有意味なものとして知覚する際には、バークリの言う示唆という心のふるまいないし働きがつねに生じていることになると考えられるだろう。

たしかに、パパスの言うとおり、われわれはある対象を構成する要素のすべての部分を知覚するわけではない。とはいえ、このようなパパスの論点は本章1で言及したような視覚中心的な考え方に近いものだと言えるかもしれない。というのも、バークリが示す集合体テーゼによって想定されている、可感的な物を構成する諸観念の集合体の範囲がすべての感官の観念にまで広がっているものと考えられるのであれば(そして、このことは、第1章2－1において、集合体テーゼについて検討した『原理』第一部第一節の記述で確認済みである)、われわれが、ある可感的な物を構成するすべての(五感に対応する感覚的)要素を(特定の時点において)知覚するなどというのはとうていありえないことだからである。したがって、われわれは可感的な物を直接知覚しているというわれわれの感官知覚についての常識的な考え方を擁護しようとする上述のようなパパスの考え方自体は尊重されるべきものであるが、そのようなわれわれの常識的信念を実情に即した意味で容認するためには、私は、バークリ哲学における示唆という心のふるまいが不可欠だということを主張したい。また、パパスの考え方では、可感的な物を構成する諸観念の集合体は特定の時点において現に知覚されている共時的な感覚的要素に限定されているように思われるが、本書の見解としては、本章2で示したように、そのような諸観念の集合体は過去の記憶の参照を通じた仕方で通時的な範囲に広がるものであると考えたい。

本節では、われわれが可感的な諸物を直接知覚しているというわれわれの常識的な物の見方を擁護しようとするパパスの見解を吟味することを通じて、バークリの説における可感的な物に対する感官知覚の直接性の問題を考えるにあたっては、示唆と呼ばれる心のふるまいが不可欠であることを見てきた。そして、前節では、バークリが示す示唆という心のふるまいは、われわれがある観念を知覚するときに、それが特定の意味を持つものとして、瞬間的に一意的な仕方で把握されることを意味するものであることを確認した。さらに、本書の見解としては、そのような示唆と呼ばれる認知過程は、受動的ないし不可避的なものと考えられるという点で、直接知覚と呼ばれるに値するものだという解釈のあり方を示した。そして、そのような認知過程には過去の記憶の参照が含まれているにもかかわらず、そのような心的過程自体は、必ずしもわれわれによって意識的に気づかれるわけではない（たとえば、いま目の前に現われている赤くて丸い視覚対象が以前に私が食べて甘いと感じたことのあるりんごと呼ばれる食べ物で、それは私から一定の距離に位置しているといった判断をわれわれは必ずしも意識的ないし自覚的な仕方で導き出すわけではなく、そのような判断はしばしば無意識的に瞬時になされうる）という点で、[22]それは、現代の視覚科学において、視覚ないし知覚の過程が無意識的推論であるとみなされているのと同様のものだと考えることができるだろう。[23]

結　語

バークリは、非物質論を採用すれば、いくつかの哲学上の困難が消えると言う（*PHK* 85）。これまで見てきたように、彼は、さまざまな観念やそれらの集合体である可感的な諸物には能力が知覚されないとし、それらの存在の原因や物体間の因果関係はどのように説明されるのかという哲学上の難問を神の存在の意志に帰属させる。そして、われわれは、本来視覚によっては空間的（三次元的）延長を知覚できないはずであるが、それをどういうわけか視覚によって把握しているという経験的事実がある。[24]そして、このような謎も非物質論においては自然の創造主の言語に帰せられていると考えることができる。このようなバークリの形而上学的な説明は、ロックの言う「人間の知識の起源と確実性と範囲の探究」（*Essay* 1.1.2）という課題を引き継ぎ、学問上の難問を神の存在に帰することで、われわれが知りうる知識の範囲を限定する試みの一環であったと理解することができるであろう。

（1）　同様の主張は、*PHK* 35, 40, 88; *DHP* I 174–175; *DHP* III 229, 235–236, 244 にも見られる。

（2）　同じ趣旨の記述は、*NTV* 43, 77, 103, 130, 156; *TVV* 41–42, 44 などにも見られる。

（3）　視覚観念と触覚観念が数的に異なるというバークリの見解については、たとえば「本論のこれまでの部分でわれわれが詳細に論じ論証してきたことから明らかなのは、視覚と触覚の両方によって知覚される数的に同一な延長などがないということである」と述べられている（*NTV* 121）。また、視覚観念と触覚観念が種的に異なるという彼の見解については、たとえば「光と色〔＝視覚観念〕は触覚の観念とはまったく異なる種類や種を構成するということは万人に認められている。また、私が思うに、それら〔＝光と色〕がその感官〔＝触覚〕によって知覚されるなどとはだれも言わないであろう。そうではなく、光と色以外には視覚の直接的な対象はないのである。それゆえ、両者の感官に共通する観念などないということが直接的に帰結する」と述べられている（*NTV* 129）。

（4）バークリが示す「示唆」の対象は観念に限られない可能性がある。たとえば、他者の顔色からその情念（*NTV* 9）が、文字から神・美徳・真理といった思念が（*DHP* I 174）、示唆されるなどと言われている。

（5）バークリによれば、視覚に固有の対象は光と色だけである（*NTV* 77, 103, 130, *TVV* 41-42, 44 など）。しかし、同時に、彼は、延長ないし大きさに、触覚的大きさと視覚的大きさがあることも認め、後者を介して前者が視覚にもたらされると言う（*NTV* 54）。ここで言われる視覚によって固有に知覚される形というのは、視覚的（平面的）大きさのことを指すのであろう。

（6）同じく馬車を例に、音の変化で馬車の距離を聴覚的に知覚する仕方と、視覚観念の変化でそれを視覚的に知覚する仕方は同じとされる（*NTV* 46）。第5章2を参照。

（7）同じ趣旨の記述として、つぎのようなものがある。「光や色のさまざまな種類、結合、量、度合い、配列は、それらが最初に知覚されるときには、それ自身は諸感覚や諸観念の新しい集合（set）と考えられるだけだろう。それらはまったく新しく未知のものなので、盲目で生まれた人が、最初に視覚を用いるときには、触覚によって以前から知られ、知覚された物の名前をそれら〔新しい視覚観念〕に与えることはしないだろう。しかし、一定の経験ののちには、それらと触覚的な諸物とが結合されることを知覚するであろうし、したがって、それら〔視覚観念〕を記号として考え、それらに、〔それ以外の場合にも通常そうであるように〕表わされる諸物〔触覚観念〕と同じ名前を与えるであろう」（*TVV* 45）

（8）このような「物そのもの（物質）・観念・心」という三項関係に基づいたロックの「知覚表象説」を、たとえばジョナサン・ベネットが言うような「知覚のヴェール説（veil-of-perception doctrine）」（Bennett, 1971, 69）として、われわれの物についての知識を不可能にするものとみなす解釈についてのサーヴェイと、そのようなロック理解に対するロック擁護の試みについては、Tomida, 2005; 冨田、二〇〇六、二四－七一を参照。

（9）具体的な議論は、つぎのようなものである。『対話』第一対話において、物にあると想定されるすべての性質が実は心の外にはなく、それらは心の中にのみ存在するとフィロナスによって論じられたあとに、ハイラスは、「私は対象（*object*）と感覚（*sensation*）とを十分に区別していなかった」として、「後者〔＝感覚〕が心の外に存在できないとしても、前者〔＝対象〕がそうではありえないとは帰結しないだろう」とし、「私は、感覚を知覚する心の働き／作用（act）とみなしているが、それ以外に、知覚されるものがあって、これを私は対象と呼ぶ」と述べている（*DHP* I 194-195）。

（10）ロックも、実在物に対応する単純観念に関して、「心は完全に受動的」と言う（*Essay* 2.30.3）。私がここで示している「不可避的」ということがより具体的にどのようなことであるのかについては、次節で論じる。

（11）ロックは、「われわれ自身の心の作用（operations）」ないし「われわれ自身の心のすべての異なる行ない（actings）」として、具体的に「知覚（perception）、考えること（thinking）、疑うこと（doubting）、信じること（believing）、推理すること（reasoning）、知ること（knowing）、意志すること（willing）」を挙げている（*Essay* 2.1.4）。それゆえ、バークリは、感官知覚を受動的なものとみなし、それを心の作用として認めてはいないように思われるが、他方で、ロックの語法では、〔感官〕知覚も心の作用に含まれるものと考えられる。したがって、この点については注意が必要である。ただし、同時にロックは、以下のようなことも言っている。「たとえば、私は月や星を見るとか、私は太陽の熱を感じるといった命題は、能動態の動詞によって表現されるとはいえ、私がそのようなさまざまな実体〔月や星や太陽〕に対して作用する（operate）ような私の中にあるなんらかの活動（action）を意味表示するのではない。そうではなく、そのような命題は、光、円さ、熱といった観念の受容を意味表示するのである。そのような観念の受容の際に、私は、能動的（active）ではなく、たんに受動的（passive）であって、私の眼や身体がそのような位置においては、それら〔光、円さ、熱といった観念〕を避けることはできない。しかし、私が眼を別の方向に向けたり身体を日光から遠ざけたりするときには、私は厳密な意味で能動的である。なぜなら、私は自ら選択して、自分自身の中にある能力によって、自らがそのような運動をするように仕向けるからである。そのような活動（action）は、まさに能動的な能力（active power）の産物である」（*Essay* 2. 21. 72）。バークリによる感官知覚の受動性の議論はこのようなロックの議論の影響を受けたものである可能性がある。

（12）　なおも延長や運動などは対象の側にありうるという反論が考えられるが、第1章**3-1**で示した抽象観念説批判に基づいた物質否定の議論に見られるように、それらや色などはともに観念であり、分離不可能と議論される（*DHP* I 193-194; *PHK* 10など）。

（13）　ここで参照指示されている節にも、「〔距離を示唆する〕知覚や観念は、距離の場合と同様に、大きさを直接示唆する」（*NTV* 53）とある。

（14）　知覚と判断は互いに排他的関係にあり、示唆が感官による知覚に類するものであることを端的に示すと解釈することのできる記述として、つぎのものが挙げられる。「知覚することと判断することは別である。したがって、同様に、示唆されることと推論されることも別である。諸物は示唆されたり、感官によって知覚されたりする。われわれは、知性によって判断し推論する」(*TVV* 42)。パパスも、この一節を論拠に、示唆を非推論的なものとみなし、感官知覚の問題から「思念」の存在を除外し、本章注(4)で確認したような「思念」が示唆の対象となる可能性を排除する(Pappas, 1987, 198-199)。対して、ジョージ・ディッカーは、この一節に上記のような解釈の余地を認めつつも、視覚や示唆の過程が論じられる際、複数の箇所で、「判断(judgment)」(*NTV* 3など)や「結論づける(conclude)」(*NTV* 45など)といった語を用いられていることを挙げ、バークリは示唆の過程を推論的なものとみなしていると論じる(Dicker, 1982, 65)。たしかに、ディッカーの言うように、バークリが意識的推論と(あとで言及する)無意識的推論とを明確に区別していないことはそのとおりかもしれないが、知覚可能な対象の示唆が意識的推論によると考えられていたということは(私の議論が妥当だとすれば)疑わしく、視覚の過程を説明する際に用いられる「判断」などの語は、示唆という心のふるまいの受動的な過程を指すものだと思われる。

(15) 距離(奥行き)は、眼底に投射される一点にすぎず、直接見られないと説明される(*NTV* 2)。

(16) 本書で用いられる「形而上学(metaphysics)」ないし「形而上学的(metaphysical)」という言葉は、たとえばA・J・エアー(Alfred Jules Ayer, 1910-1989)が『言語・真理・論理(*Language, Truth and Logic*)』(一九三六年)で提示しているような意味、すなわち、なんらかの感覚経験と関連づけられず、またトートロジー(同語反復)でもないような命題を表現するようなものといった意味で用いる(Cf. Ayer, 1952, 31)。ただし、エアー自身は同書でこのような「形而上学的」な命題を無意味なものとして否定的に扱っているが、本書はこれらの言葉や考え方を否定的に捉えるものではない。

(17) 同じ趣旨の記述として、つぎのようなものがある。「驚くほど、心は心想の突然の示唆(the suddain suggestions of fancy)に惑わされやすい。心は、そのような心想の突然の示唆と感官の知覚とを混同してしまい、たいそう別もので異なる諸物の間の密接で習慣的な結合を自然の同一性であると見誤ってしまいがちになるのである」（*TVV* 52）。

(18) このことについては、第5章でも確認する。

(19) ここでの「ある他の意志ないし精神」の存在が導かれるまでの議論は、第2章や第4章で検討されている「受動性論証」である。

(20) 視覚失認患者の事例については、Rubens and Benson, 1971, 305-316を参照されたい。なお、本節における視覚失認患者の事例を記述するにあたって、藤田、二〇〇七、三七‐三九を参考にした。

(21) 上述の「盲目で生まれた人（man born blind)」の事例の検討を通じて、アサートンは、バークリにとって、可感的な物に対する知覚には心的な働き（＝示唆）が必要であることを指摘している。ただし、彼女の考え方では、バークリの説において、可感的な物は直接知覚されるものではなく、間接的に知覚されるものとされている（Atherton, 2008a, 107–114）。私の考え方は、バークリの非物質論において、可感的な物は厳密な意味においては間接知覚されることになると言われうるが、その間接知覚ないし示唆という心のふるまいは瞬時に一意的な仕方で行なわれるという点で、感官による直接知覚に準ずるものとみなすことができるというものである。加えて、アサートンは、（私と同様の問題意識において）バークリ的な自然法則を問題にして、「このような仕方〔＝自然法則と自然の創造主の言語を同一視すること〕で神の役割を理解することの意義は、神が創造した世界は、さまざまな規則性の形態において、たんに統語論から構成されるのではなく、意味論からも構成されることにある」（Atherton, 2008b, 99–100）と述べている。このような考え方においては、われわれがある可感的な物を直接知覚すると言われるとき、それを構成する諸観念の集合体の一要素が知覚されるだけで十分と考えるのではなく、その物が有意味なものとして知覚されることが必要だという私の問題意識が共有されているものと考えられる。

(22) バークリにおける示唆が無意識的なものなのかどうかという論点や、そのような示唆が無意識的なものだという考え方については、戸田、二〇〇七、一〇七‐一二六を参照されたい。

(23) 「知覚は無意識的推論の過程に依存している」という考え方の提唱者として知られるのは、ドイツ出身の生理学者・物理学者ヘルムホルツ（Hermann Ludwig Ferdinand von Helmholtz, 1821-1894）であるCf. Palmer, 1999, 56-57）。彼は、われわれの知覚における「無意識的推論」に関して、つぎのように述べている。「われわれの前方の特定の場所に特定の特徴を持つ特定の対象があるということをわれわれに推論させる心理的諸活動は、概して、意識的なものではなく、無意識的なものである。その結果において、それらの心理的諸活動は推論に等しいものなのだが、そうであるのは、われわれの感官に対する観察された作用によって、われわれはこのような作用のありうる原因に関してある観念を形成することができるという点においてである。とはいえ、事実としては、直接知覚されるものは、決まって神経的な諸興奮すなわち諸作用にすぎないのであって、外的諸対象そのものではない。しかし、そのような心理的諸活動〔＝無意識的推論〕と推論が異なるように思われる点は、言葉の通常の意味においては、推論は意識的な思考の作用だということである」（Helmholtz, 1925, 4）。

(24) バークリが空間的延長を厳密には不可視のものと考えたように、現代の視覚科学においても、視覚とは網膜上の二次元像から外界の三次元情報を復元する（その逆は可能であるが）という、いわば「逆向きの問題（inverse problem）」を解決しようとする課題であって、本来的には三次元情報に対する視知覚というのは不可能なことだと考えられている（Cf. Palmer, 1999, 23-24）。そして、現代の視覚科学では、このような原理的な問題があるにもかかわらず、多くの場合にわれわれの視覚的な外的世界の把握がうまくいく手続きのことは「発見的過程（heuristic process）」と呼ばれている（Cf. Palmer, 1999, 23-24）。従来のバークリ解釈では、彼の「直接知覚」の考え方を吟味する一つの基準として、その知覚対象が誤りえないものかという観点が取り上げられる（Dicker, 1982, 65; Pappas, 1987, 202-211）。対して、本書では、バークリにおける直接知覚の対象は、示唆という一種の「発見的過程」によって得られるもので、必ずしもつねに真正の対象とは限らないが、多くの場合にそうだと言われうるものだと考えたい。

第4章　可感的な物の存在の継続性と公共性

序

第1章2で確認したように、バークリは、彼の非物質論を構成すると想定される基本原理として、集合体テーゼ、相異性テーゼ、内属テーゼ、EIPテーゼを示している。そして、これらの原理のうち、集合体テーゼ、内属テーゼ、EIPテーゼからは、われわれが日常生活において当然のように思い抱いている常識的信念に反することが帰結するように思われる。というのも、われわれの身の回りの日常的な諸対象がわれわれの心の中に存在する諸観念の集合体であり、それらの諸物は心の中にのみ存在し、それらが存在することは知覚されることにすぎないのであれば、そのような諸対象はわれわれが知覚していないときには存在しないことになるように思われるからである。しかし、たとえば、私が外出したとき、私がいままさに知覚していないにもかかわらず、私の自宅が存在し続けていることを疑う一般大衆はいないであろう。したがって、もしバークリにわれわれ一般大衆が抱く常識を放棄するつもりがまったくないのであれば、彼の哲学体系には、そのようなわれわれの常識的信念を救うためのなんらかの手立てとなるものが含まれていなければならないであろう。

さらに、上述の集合体テーゼ、内属テーゼ、EIPテーゼからは、つぎのようなことが帰結する懸念もある。すなわち、これらの諸テーゼからの帰結として、第2章**2**でも見たように、もし「私が知覚するさまざまな物が私自身のさまざまな観念であることは明らかだ」(*DHP* II 214) とすれば、われわれ個々人が知覚するさまざまな観念の集合体としての可感的な物は、個々人の心の中にしか存在せず、私という個人によって知覚されるのみであり、われわれはおのおの別々の観念ないし可感的な物を知覚するだけであって、バークリの体系においては、われわれは同じ対象をまったく知覚できないということになるように思われる。しかし、われわれの常識的な考え方においては、われわれは互いに同じ身の回りの物を知覚しているのであって、そのような前提がなければ、そもそもわれわれ人間の共同生活が成り立たないことになってしまうであろう。

これらの問題はバークリの非物質論とわれわれ一般人の常識的信念との兼ね合いを考える上でとりわけ重要と考えられるものであり、とくに前者の問題は多くのバークリ研究者によって検討されてきたものである。本章では、前者のものを「非物質論において、われわれが知覚しないときも、可感的な物は継続して存在するのか？」という課題（「可感的な物の継続的存在に関する問題」）、後者のものを「非物質論において、われわれは同じ可感的な物を知覚できるのか？」という課題（「可感的な物の公共的存在に関する問題」）と呼ぶことにして、以下では、これらの問題について検討することにしたい。

本章の構成は、つぎのとおりである。本章では、最初に、可感的な物の継続的存在に関する問題、続いて、可感的な物の公共的存在に関する問題の順で検討を行なうことにしたい。まず、前者の問題を検討するために、その問題にとって重要だと考えられる神の存在を導く二つの議論がどのようなものであるのかを吟味し（1）、この問題に対する既存の解釈を検討する（2）。その上で、前者の問題に対する本書の見解を示したい（3）。続いて、後者の問題についてのバークリの見解がどのようなものであったのかを分析し（4）、既存の解釈を検討した上で、この問題に対する本書の考え方を示したい（5）。以上の検討内容を踏まえ、最後に、本章の総括を行ないたい（結語）。

1　「受動性論証」と「継続性論証」の検討

さて、第2章では、非物質論における可感的な物の実在性に関する問題を取り上げ、その問題に対する一つの鍵となる議論が『原理』第一部第二九節で示された「受動性論証（passivity argument）」という呼称で知られるものであることを確認した。そして、バークリ研究における伝統的な理解では、バークリは、可感的な物の実在性に関する問題には上記の受動性論証によって、また、可感的な物の継続性存在に関する問題には同じくジョナサン・ベネットによる呼称で知られる「継続性論証（continuity argument）」（Bennett, 1968, 380–399; 1971, 169–198）によって応答していると考えられている。

そこで、本章では、可感的な物の継続的存在に関する問題を検討するにあたって、上記の継続性論証について検討を加えるのだが、その際、私の考えでは、すでに第2章3で見た前者の受動性論証の理解が鍵となる。そこで、本節では、改めて受動性論証と呼ばれるものがどのような議論であるのかを吟味し、さらに継続性論証と呼ばれる議論についてもくわしく見ていくことにしよう。

まず、受動性論証を取り上げよう。受動性論証を端的に示すものとされる『原理』第一部第二九節の記述を再度確認しておこう。

> 私が自分自身の思考〔＝想像の観念〕に対していかなる力を持っているにしても、私が見出すのは、感官によって実際に知覚される観念が〔想像の観念と〕同じように私の意志に依存するのではないということである。私が白昼に自分自身の眼を見開いたときに、私が見るか見ないかといったことを選んだり、あるいは、私の視界にどのような特定の対象が現われるかを決定したりすることは、私自身の能力のうちにはない。そして、そのことは聴覚やそれ以外の感官に関しても同様なのであって、感官に刻印されるさまざまな観念は、私の意志の産物ではない。それゆえ、それらの観念を生み出す、〔私以外の〕ある他の意志ないし精神がある。（*PHK* 29）

この一節の前半では、想像の観念は私の意志の自由になるが、感官の観念ないし可感的な物はそうではなく、その知覚に際して、私の心は受動的だと言われている（感官知覚の受動性[1]）。その上で、最後の一文では、後者を生み出す原因としての「ある他の意志ないし精神」である神の存在が導かれている。

ところで、ベネットは上述の一節における議論をつぎのようなものと理解し、その疑わしさを主張する。

1. 感官の観念（可感的な物）は私の意志に依存しない（を原因としない）。
2. すべての観念はなんらかの心に依存する（によって知覚される〔＝ＥＩＰテーゼ〕）。
3. 感官の観念（可感的な物）は私以外の心に依存する（を原因とする）。（**1**、**2**より）

ベネットの主張は、彼の解釈による上記の推論では、ある観念が心に依存するということに関して、観念が意志に（因果的に）依存することと、心に（知覚的に）依存することを上記のように混同する（多義的に用いる）ことで、神の存在が不当に引き出されているというものである（Bennett, 1968, 382–388; Bennett, 1971, 165–169）。しかし、複数の論者も指摘するとおり（Cf. Atherton, 1995, 237; Ayers, 1987, 117; Dancy, 1987, 43）、上記の一節では、それ以前の観念の原因についての考察が前提された一連の議論であると考えられる。そして、第2章**3**ですでに示したように、そのような一連の議論は、省略された前提が補われれば、つぎのように示されるであろう。

1. 想像の観念は、私の意志の自由になる（*PHK* 28）。
2. 感官の観念ないし可感的な物は、私の意志に依存せず、その知覚に関して私の心は受動的である（*PHK* 29）。（「感官知覚の受動性」）
3. 物質は存在しない（*PHK* 3-24）。
4. 観念のうちには能力（power）や能動性（activity）は知覚されない（*PHK* 25）。
5. したがって（**1**、**3**、**4**より）、観念の原因はすべて心である（*PHK* 26）。
6. 以上から（**2**、**5**より）、感官の観念ないし可感的な物の原因となる、私以外の「ある他の意志ないし精神」（神の存在）がある（*PHK* 29）。

上記の議論がこのように理解されれば、そこには、少なくともベネットが示すような言葉の多義性に基づいた疑わしい推論のようなものはないと考えられるだろう。

とはいえ、『原理』における神の存在を導く議論は、上の一節で終わりというわけではない（Cf. Atherton, 1995, 242）。すでに述べたとおり、この受動性論証は可感的な物の実在性の問題に応えるために導入されたものだと考えられているが、この議論だけでは、非物質論の下での可感的な物の実在性に関する信念が十分に保証されるとは言えない。というのも、われわれの意志とは独立に（＝われわれの意志の働きを原因とするのではなしに）受動的に知覚されるものはすべて実在すると呼ばれるに値するなら、夢や幻覚と呼ばれるものも同様のはずだと思われるからである。そこで、両者を区別するには、別の議論が必要となる。そして、そのようなものと考えられるのが、（第2章**3**で確認したように）感官の観念ないし可感的な物のたんなる出現の原因だけでなく、それらの間の規則的な出現（自然法則）の原因となる神の存在に関する議論である。それは、先ほど示した『原理』第一部第二九節に至るまでの議論に、つぎのような仕方で付け加えられているものと考えられる。

7．感官の観念（可感的な物）は、想像の観念に比べて、力強く、活気があり、判明であり、また、不変性・秩序・整合性を持ちながら、規則的な順序ないし系列において喚起される（*PHK* 30）。

8．そのようなわれわれの意志が原因ではない規則的な諸観念の順序（「自然法則 *Laws of Nature*」）を生み出すのは、感官の観念（可感的な物）の原因と同じ神の存在だろう（*PHK* 30）。（**6**、**7**より）[2]

このような議論を通じて、バークリは、神が原因となる「自然法則」の存在を示し、第2章**3**で見たように、「これらの法則〔＝自然法則〕をわれわれは経験によって学ぶのであるが、そのような経験によって、われわれは、さまざまな物事の通常の経過においては、かくかくの諸観念にはしかじかの諸観念が伴うということを教えられる」（*PHK* 30）と言う。そして、このような自然法則に訴えることで、われわれが実在物（感官の観念）を夢や幻覚から区別できることに説明がつくことになるだろう。なぜなら、前者のものは、後者に比べて、力強さ・活気・判明さに勝ると感じられるであろうし、また、通常、前者のものは特定の状況において規則的な順序で繰り返し知覚可能だと言えるが、後者に関しては、そのように言うのは概して困難であろうからである。以上のような議論を踏まえて、「自然の創造主によって感官に刻印されるさまざまな観念は実在物（*real things*）と呼ばれる」（*PHK* 33）と言われている。そして、第2章で論じたように、これら一連の議論が認められるならば、非物質論の下でも、われわれの可感的な物の実在性に関する信念は維持されうると考えられるだろう。

続いて、継続性論証についての吟味に移ろう。それを端的に示すとされる記述は、『対話』第三対話（*DHP* III 230-231）に現われる。そこでは、「あなたがこの世にいなくなったとして、感官によって知覚可能であった物が、なおも存在できると考えられないのか？」というハイラスの問いに対し、フィロナスが「それは可能である。しかし、そのとき、それは他の心の中になければならない」と答えたあとに、つぎのように論じられている。

フィロナス　私は可感的な諸物が私の心〔＝意志のことだと想定される〕と独立している〔＝可感的な物が私の意志に依存しない／私の意志の自由にならない〕ことを経験によって見出すの

で、それらが私の心の外に存在するのは明らかだ。それゆえ、私がそのような可感的な諸物を知覚している時の合間には、それらの物が中に存在する、ある他の心がある。（*DHP* III 230–231）

ここでの議論は、形の上で、つぎのようなものであるように見える。

1. 存在することは、知覚されることである（ＥＩＰテーゼ）（*PHK* 3）。
2. 可感的な物（感官の観念）は、私の心〔意志〕と独立している（＝可感的な物ないし感官の観念は私の意志に依存しない／私の意志の自由にならない）（「感官知覚の受動性」）。
3. 可感的な物（感官の観念）は私の心の外に存在する（＝私によって知覚されることとは独立に存在する）[3]。（**2**より）
4. 私の心の外に存在する（私によって知覚されていないときの）可感的な物（感官の観念）を知覚する「ある他の心（＝神の心）」が存在する。（**1**、**3**より）

しかし、もし上記の一節でこのようなことが意図されているとすれば、そこには難点が伴う。というのも、上記の前提**3**は、いままさに問題とされている可感的な物の継続性に関する信念そのものだと思われるからである[4]。それゆえ、かりに上記の一節の目的が神の存在を導くことによって可感的な物の継続性に関する信念を確立することにあるのなら、そのような論証は循環論法に陥っているということになるだろう。

以上のように、神の存在に関する二つの議論を検討した結果、前者については致命的な欠陥が見られるわけではないが、後者については難点が見出されるということが言えるだろう。(5)

2　可感的な物の継続的存在に関する既存の解釈

前節で吟味したことを踏まえ、本節では、可感的な物の継続的存在に関する問題に対して提出されてきた既存の解釈を概観しよう。バークリが継続性論証をもってこの問題に対処したと理解されてきたことはすでに述べたとおりである。そして、実際のバークリの意図もそのようなものであったという見方は、ベネットがそれを「標準的説明（standard account）」と呼ぶように、(6)比較的近年においても根強いものがある。そのような解釈が採られてきたのは、つぎのようなベネットの見解への反動という面があるように思われる。ベネットの解釈によれば、バークリは可感的な物の継続的存在の問題に無関心であった。そして、そのおもな理由とされるのが、第一に、継続性論証に相当する記述が『原理』には現われず、また、『対話』においてもそのような記述は上記の一節以外には見られないこと、第二に、『原理』においては、（集合体テーゼ、内属テーゼ、ＥＩＰテーゼからの帰結として）われわれの知覚の有無によって可感的な諸物が断続的に存在することを認めるような記述（*PHK* 46–48）

が見られること、[7]である（Bennett, 1968, 390; 1971, 172–180）。このようなベネットの見解に対立して、バークリの常識擁護の側面を重視する解釈者は、概して、上述の標準的説明の方向性を共有し、継続性論証に類する記述が他にも複数あると論じることで、バークリは当の問題に十分な関心があったと主張する。[8]

しかし、私の考えでは、可感的な物の継続的存在に関する問題を考える上で、バークリの文献中に、この問題に対する彼の十分な配慮が読み取れるか否かという課題と、非物質論の体系内で可感的な物の継続的存在に関する信念が正当な仕方で維持されうるかという課題は、（もちろん両者は無関係ではないとはいえ）ある程度分けて考えられるべきである。なぜなら、標準的説明を採る解釈者の戦略どおりに、バークリの文献中に継続性論証に類する記述が複数見られ、それによって当の問題に関する彼の関心の高さがかりに言えたとしても、前節で検討したように、そのような「論証」に深刻な問題が伴うのであれば、結局は、非物質論の体系内では、可感的な物の継続性に関する信念は説明のつかないことがらとして取り残されることになるからである。したがって、本書の基本的立場としては、可感的な物の継続的存在に関する問題を考える上で、それに対するバークリの関与の度合いを文献中に見出すというよりは、彼のテキストに見出される考え方を用いて、可感的な物の継続的存在に関する信念が説明可能か否かという観点を重視することとし、それゆえ、そこに難点が見出される継続性論証に依拠する解釈は採らないことにしたい。

そして、継続性論証を放棄する立場を強く打ち出して、可感的な物の継続的存在に関する問題に対処しようとするのがマーガレット・アサートンである。彼女は、第2章3や本章の前節で見た、バークリが示す自然法則についての議論に注目し、「われわれの感官の観念が法則に支配されているというバークリの主張は、われわれの観念が表わす可感的な諸物がいかなる個々の有限の知覚者とも独立して存在するという主張に等しい」（Atherton, 1995, 243）と論じ、さらに、第3章で見たバークリが示す「直接知覚」と「間接知覚」の区別を用いて、この問題に接近しようとする。アサートンの考え方はつぎのようなものである。光や色は直接知覚の対象であるが、他方で、距離や可感的な物は間接知覚の対象である。前者は、私的かつ相対的で知覚される間だけ存在する。その一方で、後者は、異なる人びとにとって同じと知覚される公共的で継続的なものである。というのも、われわれは同じ自然法則に支配されているからである（Atherton, 1995, 243–244）[9]。しかし、私は、このような考え方には少なくとも二つの点で疑問点が伴うことを示したい。

第一に、バークリの言う可感的な物ないし感官の観念が自然法則に支配されると考えられるとしても、そのことから、彼の体系において、そのような可感的な物ないし感官の観念がわれわれの知覚とは独立に存在するというより強い主張まで導かれるのかという疑問点である。アサートンの考え方によれば、バークリ的な直接知覚の対象は私的かつ断続的な存在者で、他方において、間接知覚の対象は公共的かつ継続的な存在者だとされている[10]。しかし、第2章3および本章1で確認したように、バークリの体系において、自然法則は「われわれの意志が原因ではない規則的な諸観念の順序」として規定されていることについては、注意が必要であろう。たしかに、日常生活において、われわれは自然法則に支配される世界に存在しており、そのような自然法則は、バークリの説においては、「規則的な諸観念の順序」として認められている。そこで、たとえば、りんごは自由落下運動という自然法則に支配されているというわれわれの常識的信念は容認されることになる。そして、りんごxは、知覚者Aが時点aにおいてその肩の高さから手を離したときも、同じ知覚者Aが時点bにおいてその肩の高さから手を離したときも、別の知覚者Bが時点cにおいてその肩の高さから手を離したときも、等しく自然法則に支配されて、自由落下する。とはいえ、上記のいずれの場合であれ、バークリの説明においては、自然法則は「規則的な諸観念の順序」として規定されている以上、バークリの言う可感的な物としてのりんごが特定の人物の肩の高さから地面へ落下するという自然現象も、個々人の心の中の観念の順序ないし系列とみなされるので、バークリの体系において、自然法則に支配された可感的な物ないし感官の観念の存在が個々人の心の中に存在する観念から完全に独立したものとして認められるという主張は行き過ぎたものであるように思われる。たしかに、本章4以降の可感的な物の公共的存在に関する問題を検討する際に検討するように、われわれは、日常的に、特定の物体が特定の状況において地面に向かって落下するという個々の自然現象について、それらの諸現象を同一の自然法則（自由落下運動）に包摂されるものとして話題にする。しかし、バークリの説において、もし自然法則というものがわれわれの心の中の諸観念の順序ないし系列と完全に独立したものみなされないのであれば、可感的な物ないし感官の観念が（バークリ的な意味での）自然法則に支配されていると考えられるからといって、それがわれわれの知覚と独立に存在するとまでは言えないだろう[11]（同様の問題意識は、本節の末尾や次節の冒頭における議論においても共有される）。

第二に、アサートンの解釈に対する疑問点として挙げられるのは、彼女の見解と（後述する）可感的な物の公共的存在をめぐるバークリの見解とが一部で噛み合わないように思われることである。本章4以下でくわしく見るように、『対話』第三対話では、「非物質論において、われわれは同じ物を知覚すると言えるのか？」という可感的な物の公共的存在に関する問題が取り上げられる（*DHP* III 247-248）。バークリは、この問いを「異なる人びとの間で互いに同定可能な特定の個物に対して、同じ／異なるという語のいずれを適用するのが適切な言葉使いか？」という課題と理解し、通俗的な語法においては、異なる人びとが互いに同じ物を知覚できるのは確かなこととしながらも、哲学的な語法においては、知覚者の多数性の観点から、複数の人びとが異なる物を知覚すると呼ばれる場合があることを認めている（Cf. Lambert, 1982, 29-30）。以上のことから、（間接知覚の対象としての）特定の物の存在をすべて公共的で同一なものと見るようなアサートンの考え方からは、哲学的な観点においては、異なる人びとにとって可感的な物の存在は個別的なものと言われる場合があるとするバークリの論点が抜け落ちるように思われるのである[12]。

以上のような二つの点で、私の考えでは、アサートンの見解にも疑問点が残るということになる。とはいえ、目下の問題を考える上で、彼女が示す考え方がまったく無効だというわけではない。そして、これからくわしく見ていくように、バークリ的な自然法則に訴えることによって、可感的な物の継続的存在に関するわれわれの信念を確保しようとする試みは、厳密な意味においては問題が残ると考えられるが、他方で、よりゆるやかな意味においては、たしかに、われわれは同様の考え方に依拠することによって、将来の行動を決定していると言える。たとえば、特定の知覚者が、過去の反復された経験から個別的な「規則的な諸観念の（通時的）順序」としての自然法則を学習することによって、『原理』第一部においてバークリの言う「もし私が自分の書斎にいたならば、私の机を知覚できただろう」（*PHK* 3）などと信じるといった仕方で、可感的な物の継続的存在に関するわれわれの常識的信念が保持されるということはありうるだろう。[13] そして、このような条件文を用いた信念形成は、われわれが（あまり意識はしなくとも）日々の生活で自明のこととみなして、現実の行動の際に依拠していることがらであろう。したがって、このような仕方でバークリ的な自然法則が理解されれば、それは、可感的な物の継続的存在に関する常識的な信念を説明するための手立てとして有効なものだと考えてよいだろう。しかし、他方で、このような考え方を採っても、厳密な意味においては、可感的な物の継続的存在に関する問題に対する応答としては不十分だと考えることもできる。なぜなら、そのような条件文を用いた考え方によって確保されるのは、将来に知覚されるはずの対象についての信念（予期）にすぎず、厳密には、そのような考え方によって、現に知覚されていない可感的な物がいままさに存在することが確立されるわけではないとみなされるからである。[14] 以上のことから、アサートンが示すバークリ的な自然法則に訴える考え方は、よりゆるやかな、あるいは、より通俗的な意味においては、可感的な物の継続的存在に関する信念を説明可能なものにすると考えられるが、厳密かつ哲学的な意味においては、そうではないと考えることができるだろう。[15]

3　可感的な物の継続的存在の擁護

前節の終盤で検討したバークリ的な自然法則に依拠する考え方、すなわち、たとえば「(いま現在、私はそれを知覚してはいないが、通常の物事の経過を通じて) もし私が自分の部屋に戻れば、私は自分の机を知覚するだろう」といったような条件文に依拠することによって、厳密な意味においてはそうではなくとも、通俗的かつ常識的な意味においては、非物質論における可感的な物の継続的存在に関する信念は維持されうると想定することにしよう。

それでは、厳密ないし哲学的な意味において同じ信念が問題とされたときに、同じ体系の下で、その信念は維持されうるのだろうか。本節では、この問いに答えることを試みたい。

そこで、厳密かつ哲学的な観点からこの問題に接近するためにはどのようなことが必要かを考えよう。前節における自然法則に依拠した考え方の検討から理解されたように、厳密な意味においては、集合体テーゼ・内属テーゼ・EIPテーゼによってその存在を確保されるものが特定の個人によって特定の時点において知覚される対象に限られるのだとすれば、[16]「非物質論において、われわれが知覚しないときも、可感的な物は継続して存在するのか？」と問われるとき、その問いが要求するのは個々人の知覚経験の範囲外にあることがらを扱うことだということになるだろう。したがって、この問いはそれ自体が形而上学的な問いであり、それに対しては形而上学的な議論をもって答えるほかな[17]

いということが言えるだろう。そして、このことは、（前節の終盤で見た『原理』第一部の一節（*PHK* 3）の続きとして）「もし私が自分の書斎にいたならば、私の机を知覚できただろう、そうでなければ、ある他の精神が実際にそれを知覚している」（*PHK* 3. 傍点は引用者による）と言われていることからも理解される。というのも、そこでは、通俗的な観点からは、先述の自然法則を用いた考え方によって可感的な物の継続的存在に関する信念は説明可能だが、哲学的な観点からそれを説明するには形而上学的な議論に訴えるしかないことが示唆されているように思われるからである。これらのことから、本書では、目下の問題を考えるにあたっては、バークリの体系において、なんらかの仕方で神の知覚に訴えるという路線の解釈を模索することにしたい。そこで、以下では、受動性論証によって導かれた神の心に、可感的な物の継続的存在に関する信念を説明可能にする特性を見出すという見通しの下で、バークリの文献に見出される形而上学的な議論に基づいて、実際にそのような試みが可能であるかを検討し、この問題に接近することにしよう。

さて、目標は、いま述べた見通しによって、最終的に「われわれがある可感的な物を知覚していないとき、その物は神の心の中にある」と言うことである。そのためには、神には「われわれが物を知覚しているとき／いないとき」の両方に対応する心の状態があると言えなければならないだろう。なぜなら、少なくとも前者は受動性論証によって神の意志が働いているときに対応すると考えられるが、当の問題に応えるためには後者に対応する神の心の状態がどのようなものかを理解する必要があるはずだからである。そこで、『対話』におけるつぎの一節に注目しよう。

フィロナス　私は、〔可感的な〕物の二重の状態を認めているではありませんか。一方は、模写的（ectypal）あるいは自然的なもので、他方は原型的（archetypal）で永遠のものだ。前者は、時の中で創造された。後者は、神の心の中に絶え間なく存在しているのだ。（*DHP* III 254）

この一節を額面どおり受け取るならば、バークリは可感的な物の二重の状態というものを容認しているということになる。そのような可感的な物の二重の状態のうちの前者の「模写的／自然的な状態」とは、われわれが可感的な物を知覚しているときのことで、後者の「原型的／永遠の状態」というのは、そうでないときのことだと理解することができるだろう[18]。そして、後者の場合には、可感的な物は神の心の中に永遠に存在しているとされる。そこで、バークリがこのような考え方に実際にコミットしているものと想定して、これらの可感的な物の二重の状態に対応する神の心の状態がどのようなものになるのかということをよりくわしく考察することにしよう。さて、バークリは、伝統的な考え方に従って、精神ないし心に「知性（*understanding*）」と「意志（*will*）」の二つの側面を認めている（*PHK* 27）[19]。そして、『注解』では、このことは神にも該当することが述べられている（*PC* 812）[20]。さて、これまでの議論から、われわれが、想像の観念を知覚するときは、意志と知覚（知性）が生じ（*PHK* 28, EIPテーゼ）、感官の観念ないし可感的な物を知覚するときは、知覚（知性）だけが生じるということがわかる（感官知覚の受動性）。そこで、同じことが神の心にも該当するとしよう。そのとき、神は、われわれが特定の可感的な物を知覚しているときは、意志と知覚（知性）を同時に生じさせながらわれわれの心に作用し[21]、そうでないときは神自身の心の中の原型をただ（受動的に、ただし神の心の外からではなく）知覚しているというような形而上学的な想定がありうるとしよう。そこで、以上の考察を推論形式で示せば、つぎのようになるだろう。

9．われわれのさまざまな感官の観念／可感的な物／自然法則の原因となる神の（少なくとも）意志が存在するだろう。（本章**1**で示した、感官の観念／可感的な物の原因となる神の存在を導く論証の結論**6**と、自然法則の原因となる神の存在を導く論証の結論**8**より）

10．神には意志と知性が存在する。（*PHK* 27）（*PC* 812）

11．われわれは、想像の観念を知覚するときには意志と知性を働かせ、感官の観念を知覚するときには知性だけが生じる。（ＥＩＰ原理）（*PHK* 27–29 など）

12．われわれは神の被造物である。（一般的な神学上の前提）

13．神の心とわれわれの心のあり方は似ているだろう[22]。（**12**より）

14．神の心には、意志と知性を働かせる場合と、知性だけが生じている場合があるだろう。（**10**、**11**、**13**より）

15．感官の観念ないし可感的な物には、模写的／自然に存在するときと、原型的／永遠に存在するときの二重の状態がある。（*DHP* III 254）

16. 感官の観念ないし可感的な物が模写的／自然に存在するとき、神は意志と知性を働かせ、それが原型的／永遠に存在するとき、神の心には知性だけが生じているだろう。（9、14、15より）

以上のような推論がありうるならば、16の後者の場合（感官の観念ないし可感的な物が原型的／永遠に存在するとき）は、われわれが感官の観念ないし可感的な物を知覚していないときのことだと考えられるので、そのとき、それは、少なくとも形而上学的な意味において、神の心（知性）の中にあると言えるだろう。以上のような本書の解釈によって、非物質論における可感的な物の継続的存在に関するわれわれの常識的信念は擁護されうるものと考えられる。そして、継続性論証とされたもの（*DHP* III 230–231）は、以上のような考察をすれば、われわれが知覚していないときの可感的な物ないし感官の観念に対する神の知覚という形而上学的想定がありうるということを示すものだと理解する余地があるであろう。

最後に、本書の考え方に伴うと想定される大別して二つの問題に簡単に答えることによって、目下の問題に対する私の結論を示したい。第一の問題は、神の完全性に関わるものである。J・D・マボットは、神に知覚や観念を認めると、①神を受動的な存在にし、②（観念は原型の写しなので）神の全知という完全性に抵触し、③神の観念とわれわれの観念との間の対応関係は（物質と観念の関係と同様に）不明になる、といった論点を示す（Mabbott, 1968, 369–371）[23]。①の点で、たとえば「被造物に苦痛の観念を与える神はそのとき苦しむ」といったことが問題にされているなら[24]、バークリはそのようなことを明確に否定している（*DHP* III 240）[25]。そして、私の考え方では、神が可感的な諸物の原因となる際の知覚のあり方は、われわれの想像の観念と同じとなるので（上記の**16**を参照）、その際、神は受動的に苦痛を知覚するわけではない。このことはバークリ自身がまさに主張していることである（*PC* 675）[26]。②の点、すなわち「観念は原型の写しなので、神が観念を持つなら、そこに変化などの不完全さが伴う」という論点についても、バークリ自身が、天地創造を例に挙げ、神による世界創造には変化が伴い、かつ、すべての変化は不完全性を示すことになるという難点は、神による世界の創造そのものに関わる問題であり、彼の非物質論だけに該当する問題ではないことを論じ、問題の回避を試みている（Cf. *DHP* III 254）。③については、私の考え方によれば、可感的な物の相対的な状態においては、神の観念とわれわれの観念は同一だということになるが、その場合、神の原型と可感的な物の模写的ないし自然な状態との関係がどのようなものかという問題は残るだろう[27]。たしかに、バークリは、物質が延長や色などの偶有性を支えるといった関係は不明だとして物質の存在を否定する（*PHK* 27）。そして、神の原型を認めると、そのような原型と可感的な物の相対的な状態との関係は、物質と観念との関係と同様に不明だということになるのかもしれない。しかし、私が示したようなバークリ解釈を擁護する立場からあえて言うとすれば、たとえば、それ自体色を持たないものが色の原因となるという関係はまったく不明だが、少なくとも神の原型と可感的な物の相対的な状態との関係には、知性を持つ神が同じく知性を持つ心に観念を分け与えるという意味での（一種の擬人的な）関係を想定することは可能であるように思われる。すなわち、私が提案したいのは、すべての心の外にある物質の存在を否定するバークリは、ロックが認めた「物質・観念・心」という三項図式を引き受けた上で、われわれの心の外に存在する神の心ないしその心の中にある原型的存在を認めることによって、ロック的な三項図式における、物質を原因としてわれわれがさまざまな観念を持つという認知的な図式を、知性を持つ心（＝神）が知性を持つそれ以外の心（＝被造精神）に観念を分け与えるといった擬人的な認知図式へと変化させたというような解釈である。

続く第二の問題は、可感的な物の存在の継続性と永遠性に関するものである。リチャード・T・ランバートは、神の原型が想定されても、永続性と継続性の間に必然的な関係がないので、可感的な物の継続的存在は保証されないと言う（Lambert, 1982, 29）。たしかに、永遠性というものが無時間性のことだとすれば、私の考え方によっても、常識的な意味における有限な時間内での可感的な物の継続性が保証されるわけではないのかもしれない。しかし、前述のように、本書においては、一方では、非物質論における通俗的な意味での可感的な物の継続性に関する信念は神が原因となる自然法則に依拠した考え方によって維持されうると想定した上で、他方で、同様の信念が哲学的かつ形而上学的な説明の仕方においても擁護されうるかを吟味してきたということが考慮に入れられるならば、（そこに不明な点は残るとしても）一つの可能性として、当の信念がわれわれの常識的な時間概念では理解できないような形而上学的な説明の仕方によって保持されうるといった解釈の余地はあるように思われる。

以上のような反論に対して、上記のような応答で完全に問題点が解消されたわけではないだろう。そして、本書のような解釈をもってしても不十分に思われる点は、物の生成変化（先述の第一の問題②）、感覚の主観的性質（第一の問題③）、時間の存在（先述の第二の問題）に関する問題といった哲学一般の難問とつながりがあり、そして、バークリは、そのような難問を神に帰することで、第1章1－1で見た『対話』の副題にある「諸学問をより容易に有益にまた簡潔にする」試みを行なったと理解することもできるだろう。加えて、バークリがまさに彼の支持する大衆の意見に即した仕方で可感的な物の継続的存在に関する信念を説明する手立て（すでに確認したような、この問題に対する通俗的な説明の仕方）を持っていたのであれば、それに加えて、かりに同じ信念に対する哲学的ないし形而上学的な仕方での説明が要求される場合でも、（そこに多少の難点や不明点が残るとしても）同じ問題に対して一定の根拠ある仕方で応えることのできる形而上学的な手立てがあるのであれば、彼にとっては深刻な問題にはならないと考えることができるかもしれない。

4　可感的な物の公共的存在に関する問題に対するバークリ自身の見解

上述した可感的な物の公共的存在に関する問題、すなわち、「非物質論において、われわれは同じ可感的な物を知覚できるのか？」という課題については、『対話』第三対話（*DHP* III 247–248）でくわしく論じられている。「私の心の中にあるのと同じ観念があなたやその他の心の中にあることは不可能だ。すると、あなたの原理からは、どのような二人も同じ物を知覚できないことになるのではないだろうか？　そして、このことはたいそう不合理なことではないだろうか？」（*DHP* III 247）というハイラスの発言を通じたバークリの説への反論[28]に対して、つぎのような応答が示されている。多少長くなるが、そこでどのような議論がなされているかを見てみよう。

フィロナス　もし同じ（*same*）という語が通俗的な意味で（in the vulgar acceptation）受け取られるなら、別々の人物が同じ物を知覚できたり、あるいは、同じ物ないし観念が別々の心の中に存在できるということは確かなことだ（そして、そのことは私の主張する諸原理と矛盾するものではまったくない）。言葉には恣意的な負荷がかかる。そして、人びとはいかなる区別や多様性も知覚されないところでは、同じという言葉を適用するのが通常のことであるし、また、私もあえて人びとのさまざまな知覚を改めようとはしないので、以前から人びとが言ってきたのと同じように、複数の人が同じ物を見るのであり、それゆえ、そのような人びとは、さまざまな同様の機会において、言語の正当性や物事の正しさからなんら逸脱せずに、同じ言い回しを使い続けることができるということになる。しかし、同じという語が同一性（identity）という抽象化された思念を主張する哲学者たちの意味で（in the acceptation of philosophers）用いられるなら、このような思念についての彼ら哲学者の間でのさまざまな定義〔の違い〕に従って（というのも、哲学的な同一性というものがなにおいて成立するかということがいまだに同意されていないので）、複数の人びとは同じ物を知覚するということはありうるかもしれないし、またありえないことになるかもしれない。しかし、哲学者たちがある物を同じものと呼ぶのを適切なことと考えるかどうかといったことは、私が想念するところでは、さほど重要ではない。複数の人が、互いにみな生まれながらに同じ能力を授けられており、したがって、感官によって同じように作用されるが、いまだ言語の使い方を知らされていないといった状況を想定してみよう。疑いなく彼らは自分たちの知覚に関して一致するだろう。とはいえ、ことによると、彼らが言語を用いるようになるときには、彼らのうちのある者は、知覚されるものの一様さの観点から、それを同じ物と呼ぶかもしれないし、その一方で、別の者たちは、とくに知覚する人物の多様性の観点から、それを異なる物と名づけることを選ぶかもしれない。しかし、このような論争がすべて言葉についてのものだということを理解しない者などいるのだろうか？　すなわち、そのような論争とは、さまざまな人物によって知覚されるものがなおもそれに対して同じという語を適用されうるのかどうかということだと理解しない者などいるのだろうか？　あるいは、壁や外観は変わらないままで、部屋は解体され、そこに新しい部屋が設けられた家というのを想定してみよう。そして、これを、あなたは同じものと呼び、私は同じ家とは言わないとしよう。このようなことにもかかわらず、家そのものが考慮に入れられるならば、われわれは、家についてのわれわれのさまざまな思考においては、完全に一致するのではないだろうか？　そして、そのような違いというのはすべて音にあるのではないだろうか？　あなたがあなた自身の家の観念に同一性という単純な抽象観念を余分に付け加えることを理由にして、われわれはわれわれ自身のさまざまな思念において異なっているということをもしあなたが言うとして、他方で、私はそのような余分な抽象観念を付け加えないとしよう。そのとき、私があなたに言いたいのは、そのような同一性の抽象観念ということであなたが意味しているものが私にはまったくわからないということだ。そして、あなた自身の思考を眺め入って、あなた自身が理解していることを確かにしてもらいたい。――どうしてそんなにおとなしいのだろうか、ハイラス。名前から抽象されたさまざまな思考や意見においてはなんら実質的な（real）違いがないにもかかわらず、人びとが〔可感的な物の〕同一性や多様性について論争することがあるということに、君はまだ納得していないのだろうか？　つぎのことについて、あなたと一緒によく考えてみよう。すなわち、物質が存在すると認められる場合と認められない場合にかかわらず、目下の問題に関しては、事情はまったく同じだということを。というのも、物質論者自身が、われわれが自らの感官によって直接知覚するものはわれわれ自身のさまざまな観念だということを認めているからだ。なので、いかなる二人も同じ物を見ることはないというあなたが指摘する難点は、物質論者と私に等しく向けられることになる。

ハイラス　しかし、彼ら〔＝物質論者〕はいくつもの観念に対応する外的原型（an external archetype）を想定しているので、彼らは真に同じ事物を知覚すると言われうるだろう。

フィロナス　そして、（あなたがそのような原型をこれまで放棄してきたことについては言わないとしても）あなたは私の諸原理においても同じく外的原型を想定することができる。とはいえ、私が意味する外的というのは、あなた自身の心にとってということなのではあるが。たしかに、それ〔＝外的原型〕はあらゆる物を理解する心の中に存在するものと想定されなければならないが、しかし、そのとき、このような原型は、かりにそれが心の外に存在すると仮定された場合と同様に、あらゆる同一性の目的の役に立つ。そして、きっとあなたはそのような考え方が理解できないものだとは言わないだろう。

ハイラス　たしかに、私はつぎのことについてはっきりと納得した。すなわち、この論点について実際には困難がないということや、もし困難があったとしても、等しく双方の意見に向けられるものになるということを。

フィロナス　だが、二つの相対立する意見に対して等しく不利になるものは、どちらの立場にも反証材料にはなりえない。

ハイラス　そのことは認めよう。（*DHP* III 247–248）

ここでの議論について、つぎの三つのことが要点として挙げられるように思われる。

第一に、バークリは、ここで問われていることを、われわれが、特定の物に対して「同じ」という語を適用するか、あるいは、「異なる」という語を適用するかという言葉の運用上の問題とみなしているということが言えるだろう。そして、彼は、「同じ」という語が、通俗的な意味で捉えられる場合と、同一性という抽象された思念を主張する哲学者の意味で捉えられる場合に分けて、この問題を考える。前者の場合、「異なる人びとが同じ物を知覚できるのは確か」だとされる。対して、後者の場合、哲学上の「同一性」という考え方に合意があるわけではないので、複数の人びとは、同じ物を知覚したりしなかったりするとされる。そして、バークリは、思考実験として、同じ感官の機能を持ちつつも、言語を未習熟の人びとが特定の物に対して持つ知覚はどうなるかと問い、彼らは、知覚に関して一致するが、のちに言語が習得されれば、ある者は知覚されるものの「一様性」からそれを同じ物と呼び、別の者は知覚者の「複数性」からそれを異なる物と呼ぶだろうと言う。このことは、改築された家を具体例に挙げて補足説明され、一方の者はそれを以前と同じ家と言い、他方の者はそれを違う家と言うとき、彼らは、言葉の違いを別にすれば、家という思考においては互いに一致していると論じられている。そこで、このような主張は、明らかに、われわれが現に言語によって互いに特定の物を同定し合えるという常識的な信念を前提とした上でなされたものだと言えるだろう。そして、バークリは、先述の問題を、「(非物質論の) 原理上、複数の人びとが同じ物を知覚できるか?」という課題から、「人びとが、互いに同定可能な個々の物に対して、同じという語と異なるという語のどちらを用いるのが適切な言葉使いか?」という課題へと論点を移行させているのだと考えられる。以上の議論におけるバークリの意図は、われわれは現に (常識的ないし通俗的な観点から) 互いに特定の物を同じと認め合えるのであり、そうである以上、このような問い自体が彼にとってさほど重要ではなく、また、上記のようにバークリ流に解釈された可感的な物の公共的存在の問題に対しては、いずれの答え方もありうるというものだろう。そして、このような考え方には、バークリ哲学の現実的かつ通俗的な側面が色濃く現われていると考えられるだろう。

第二に、バークリは、目下の問いが（厳密な意味で解釈され）非物質論の難点になるのなら、その困難は同じく物質論にも該当すると言う。たしかに、第1章**1**－**2**で見たように、ロック流の物質論においても、われわれの心の直接的な対象は観念とされるので、バークリは、上記の引用文で見たように、「いかなる二人も同じ物を見ることはないというあなたが指摘する難点は、物質論者と私に等しく向けられることになる」（*DHP* III 248）と言う。そして、対立する見解に対して等しく不利になることは、どちらの反証材料にもならないとされている。

第三に、バークリは、物質論者が「外的原型（物質）」の想定によって異なる知覚者も同じ物を知覚すると主張するように、非物質論においても、われわれ（被造物）の心の外と言う意味での「外的原型」、すなわち、神の心の中の原型が想定可能だという考え方を示している。

5　可感的な物の公共的存在の擁護

本節では、前節で検討したことを踏まえ、バークリの非物質論における可感的な物の公共的存在に関する問題についての既存の解釈を提示し、その上で、この問題に対する本書の見解を示すことにしたい。

さて、この問題に対する既存の解釈として、大きく分けて三つの方向性を持つものを挙げることができる。

第一の解釈としては、先の引用した一節（*DHP* III 247–248）における議論を踏まえた上で、バークリの非物質論における観念や諸観念の集合体である可感的な物を徹底的に私秘的なものとみなすというものが挙げられる（Cf. Pitcher, 1977, 144–150, 1986, 102–103; Yandell, 1995, 411–423）。このような考え方を採る論者は、先に引用した「私の心の中にあるのと同じ観念があなたやその他の心の中にあることは不可能だ。すると、あなたの原理からは、どのような二人も同じ物を知覚できないことになるのではないだろうか？」（*DHP* III 247）というハイラスの主張に完全に同意していることになる。

第二の方向性の解釈としては、ジョージ・パパスによるものが挙げられる。第3章補論で検討したように、パパスは、可感的な物に対する感官知覚の直接性に関する問題を考えるにあたって、われわれの常識的信念とバークリが示す集合体テーゼを両立させるために、「われわれは、ある可感的な物を構成する諸要素の一部分を知覚するだけで、その物を直接知覚すると言われうる」という考え方を示している。彼は、可感的な物の公共的存在に関する問題に対しても、これと同じような考え方を適用しようとする（Pappas, 1982, 8–10）。すなわち、彼によれば、複数の人たちは、ある可感的な物を構成するさまざまな要素のまったく同じ部分を知覚するわけではないが、（たとえ同じ要素ではなくとも）同じ可感的な物を構成する要素の一部を知覚することで、その物を同じく知覚していると考えるというものである。彼自身は、同じことについて車を例にして、「もし私が車の運転手側を見て、他の観察者が反対側を見るならば、われわれのおのおのは、たとえ車の共通の部分を見ていなくても、依然として同じ車を見ていることになる」(Pappas, 1982, 10)と述べている。たしかに、このようなパパスの着想は興味深いものであり、それはわれわれの常識に適合した考え方だと言えるが、その議論自体が可感的な物がすでに公共的な存在であることを前提にしたものだとみなされるので、そのような点で、バークリの非物質論において、そのような仕方で可感的な物が公共的であるということがどのような文献上の根拠や解釈上の仮説に基づくのかがさらに示される必要があるように思われる。

第三の方向性の解釈として挙げられるのは、前節で検討したバークリが示す「同一性」の通俗的な用法と哲学的な用法の違い(29)に注目するものである。このような解釈に従えば、バークリの説において、複数の人たちは、厳密かつ哲学的な意味においては同じ可感的な物を知覚することができないが、他方で、通俗的な意味においては同じ可感的な物を知覚すると言われうることになる(Cf. Lambert, 1982, 22-32; Baxter, 1991, 89-92)。

そこで、以下では、前節における検討内容と可感的な物の公共的存在に関する問題に対する上記のような既存の解釈を踏まえて、この問題に対する私の見解を示すことにしよう。第2章2で確認した、「私が知覚するさまざまな物が私自身のさまざまな観念であることは明らかだ」(*DHP* II 214)という『対話』におけるフィロナスの発言に留意すれば、バークリが示す諸観念ないしそれらの集合体である可感的な諸物の存在は、それらを知覚する個々人の心の中だけに存在するということになるだろう。そして、このような論点を深刻に捉えるならば、まさに厳密な意味においては、バークリの説において、われわれはけっして同じ観念ないし可感的な物を知覚するとは言えないということにならざるをえないように思われる。とはいえ、前節で検討した一節（*DHP* III 247–248）で言われているように、そこには、われわれが同じ可感的な物を知覚するという論点が見られることも確かである。そして、前節でも見たように、バークリは、「同じ」という語の意味に哲学的なものと通俗的なものの二つが認められることを示している[30]。このような考え方を考慮に入れることによって、私は、基本的に上述の第三の方向性の解釈に即した立場を採ることにしたい。ただし、私としては、前節における上記の一節（*DHP* III 247–248）の検討内容に基づいて、つぎのような考え方を示すことにしたい。それは、非物質論において、われわれが同じ可感的な物を知覚すると言われる場合の説明のあり方には、より通俗的なものとより哲学的なものが見出されるというものである。

前節で見た改築された家の例からわかるように、そこでバークリが示している考え方は、明らかに、われわれが現実に言語によって互いに特定の物を同定し合うことができるという常識的な信念を前提とした上でなされたものだと考えられる。このように、実際に、われわれは日々の生活において、他の人たちとある対象を同定し合っているというわれわれの日常的な言語実践を根拠として、可感的な物の公共的存在に関する問題に説明を与えようとすることは、この問題に対するバークリの通俗的な説明のあり方だと考えることができる。

では、この問題に対する哲学的な説明としては、どのようなことが考えられるのだろうか。本書では、可感的な物の継続的存在に関する問題を検討するにあたって、バークリが示す神の心の中の原型という考え方に依拠する解釈を示した。そして、可感的な物の公共的存在に関する問題に対しても、哲学的ないし形而上学的な説明の仕方においては、バークリは、そのような神の心の中の原型に訴えることができるというのが私の見解である。そして、そのような見解は、前節の最後に確認したように、バークリ自身によって示唆されている。そして、そのような解釈を採った場合には、哲学的な説明のあり方において、ある心によって知覚される特定の観念ないし可感的な物には、それ以外の複数の心によって知覚される特定の観念ないし可感的な物と共通する原型が神の心の中にあるという形而上学的想定によって、われわれは、個々人にとっての現われとしてはおのおの異なる観念ないし可感的な物を知覚しているが、それらの元になる原型が同一である場合には、同じ対象を知覚していることになるという解釈がありうるだろう(31)。

結　語

最後に、本章でこれまで検討してきたことがらの要点を簡単に確認することにしよう。本章で検討した可感的な物の継続的存在に関する問題と可感的な物の公共的存在に関する問題に対しては、より通俗的な説明の仕方による応答とより哲学的な説明の仕方による応答があることがバークリの文献において見出された。

前者の問題に対するより通俗的な説明のあり方としては、バークリが示す神が原因となる自然法則に訴えるというものが見出された。他方で、前者の問題に対するより哲学的な説明のあり方としては、バークリが示す神の心の中の原型に訴えるというものが解釈の余地としてありうることが見出された。そして、後者の問題に対するより通俗的な説明のあり方としては、われわれが現に言語を用いて特定の物を同定し合えるというわれわれの経験的事実に訴えるという議論が見出され、同じ問題に対するより哲学的な説明のあり方としては、同じくバークリが示す神の心の中の原型に訴えることで、われわれは厳密には異なる観念ないし可感的な物を知覚していても、その起源である原型が同一である場合には、われわれは同じ対象を知覚しているという形而上学的想定がありうることを見た。

（1）「感官知覚の受動性」（*DHP* I 196）については、第3章**3**を参照されたい。

（2）A・C・グレイリングは、『原理』第一部第二九－三〇節と同様の議論とみなすことができる『対話』の一節（*DHP* II 214-215）を分析し、それが諸物の原因としての神を導く第一段階と一種の目的論的論証である第二段階から構成されていると論じ、後者の論証の不十分さについて言及する（Grayling, 2005, 186-188）。たしかに、彼の言うように、諸物の秩序からその作者としての神の存在が演繹的な仕方で帰結するわけではないが、そのことは目的論的論証一般に妥当することであり、バークリの議論に特有の問題ではないと言えるだろう。また、そこにおける議論の主眼は、神の存在を導くことというよりは、われわれが実在物と夢や妄想との区別をつけることができるというわれわれの経験的事実に対する説明原理を見出すことだと考えられるので、自然法則の原因としての神の存在は、そのようなわれわれの知覚経験を説明するための原理として蓋然的に導かれたものと考えてよいように思われる。

（3）『対話』における上記の一節（*DHP III* 230-231）では、①「私は可感的な諸物が私の心〔＝意志のことだと想定される〕と独立している（可感的な物が私の意志に依存しない／私の意志の自由にならない）ことを経験によって見出す」ことを根拠に、②「それら〔＝可感的な諸物〕が私の心の外に存在する」ことが導かれていると理解するのが自然だと思われる。したがって、①における「私の心と独立している」と②における「私の心の外に存在する」は同じ意味ではなく、②の意味は「私によって知覚されることとは独立に存在する」ということだと理解するのがもっともであろう。

（4）このような前提はわれわれの常識によって支持されているという見解を示すのはG・J・ウォーノックである（Warnock, 1969, 113）。しかし、このようなウォーノックの考え方を批判するベネットも指摘するとおり（Bennett, 1968, 381; Bennett, 1971, 170）、一見して、ここでの前提**3**は前提**1**（EIPテーゼ）や集合体テーゼ、内属テーゼと矛盾するように思われる。とはいえ、このようないわば括弧つきの推論における前提**2**から前提**3**の導出に問題点を見出しながらも、それを擁護しようとしているように思われる論者として、E・J・ファーロングとマイケル・エアーズが挙げられる（Furlong, 1968a, 400-408; Ayers, 1987, 115-128）。

（5）（本書で示した）継続性論証における前提**3**をわれわれのたんなる常識に訴える以外の仕方で擁護することによって、この論証を循環から救い出そうとする試みについては、デイル・ジャケットの論文を参照されたい（Jacquette, 1985, 1-14）。彼は、第3章で検討したバークリが示す「直接知覚」と「間接知覚」の区別を取り上げ、たとえば、りんごの内側は知覚されていないにもかかわらず存在するのだとすれば、われわれが知覚していないときの可感的な物の存在は正当化されるといった見解を示している。

（6）ベネットは「標準的説明」をつぎのようなものと規定している。それは、すなわち、バークリは可感的な物の継続性の問題に関心を払っており、なおかつ、彼は継続性論証における前提**3**に相当するものを認めていたとみなす考え方である（Bennett, 1971, 178）。

（7）　A・A・ルースは、『原理』における可感的な物が個人の知覚のたびごとに断続的に存在するという説明（*PHK* 46–47）をバークリが認める見解ではなく、続く節（*PHK* 48）が彼の真意だと論じる（Luce, 1968a, 290–291; 1968b, 120–125）。しかし、そこでも、「なるほど、われわれは感官の対象が知覚されずには存在しえないと主張するのではあるが、そのことから、われわれは、感官の対象がわれわれによって知覚される間のみ存在すると結論づけなくていい（We may not hence conclude）」「われわれが知覚しなくとも、感官の観念を知覚するある精神がありうる（there may be some other spirit）」（*PHK* 48）などといった歯切れの悪い表現が見られ、逆に、ベネットは、それらの記述を可感的な物の継続的存在に関する問題に対してバークリが無関心であることの証拠と見る（Bennett, 1968, 390; 1971, 174–175）。あとの本書における議論からも理解されるように、本書の見解としては、バークリは、ロックのような物質論者と同様に、われわれ個々人の知覚対象である可感的な諸物（観念）は個別的なものであり、それゆえ、個々人の知覚のたびごとに断続的に存在することを認めており、上記のあいまいな表現（*PHK* 48）があることや可感的な物の公共的存在に関する問題が『原理』では取り上げられないことは、それらの問題に対しては、厳密には「神の心の中の原型」のような形而上学的想定ないし議論を持ち出すことによってしか対処できないということを彼が『原理』執筆時から気づいていたことを示唆するものではないかと考えたい。なお、ロック哲学において、観念に限定すれば、「存在することは知覚されることである」ということになり、観念は心が知覚する間だけ存在することになると考えられていたことについては、Tomida, 2002, 227–231; 冨田、二〇〇六、一六四–一六六を参照。

（8）　標準的説明に沿った解釈を採っていると思われる論者として、E・J・ファーロング、マイケル・エアーズ、ジョナサン・ダンシーが挙げられる（Cf. Furlong, 1968a, 400–408; Ayers, 1987, 115–128; Dancy,

1987, 41–56）。

（9）このようなアサートンの解釈には、チャールズ・J・マクラッケンのような批判者がいる。マクラッケンのアサートン批判はつぎのようなものである。アサートンの解釈では、バークリ哲学から集合体テーゼやEIPテーゼを無効化させてしまうことになり、そうなるとバークリ哲学はミル（John Stuart Mill, 1806–1873）が採用したようなたんなる現象論だということになり、そのような考え方は単純に誤りである（McCracken, 1995, 249–260）。なお、「現象論（phenomenalism）」とは、物的諸対象を現に感覚されているものと感覚可能なものから構成されるものとみなす考え方のことである（Cf. Psillos, 2007, 231）。

（10）ただし、近年に至って、アサートンは、このような見解を変えた（和らげた）可能性がある。というのも、たとえば「自然法則は束の間のさまざまな観念の世界における安定した要素である。しかし、自然法則はそれ自体は物的対象ではないので、さまざまな自然法則を確立することはさまざまな物的対象を創造することとまったく同じだというわけではない」（Atherton, 2008b, 93）などと言われているからである。（Cf. Atherton, 2008b, 85–97）

（11）それでは、たとえば、個別の物体の落下現象（観念の順序ないし系列）が自由落下運動という自然法則に包摂されることはバークリの説においてはどのように説明されることになるのだろうか。この問題についての詳細な検討は今後の課題としたいが、ここでは、簡単に三つの可能性を提示したい。一つ目は、第1章**1-3**で見た「思念（notion）」と呼ばれる概念装置に訴えて、（知覚される）個別の自然現象の上位概念となる一般法則（それは、知覚されないものではあるが、ひとまず、そこには心の作用が含まれるものと想定して、その存在を容認する）を導入するという可能性である。二つ目は、第1章**3-2**で見た「ライクネス・プリンシプル（likeness principle）」と呼ばれる原理に訴えて、上記のような一般法則を容認するという可能性である。それは、たとえば、観察された自由落下の現象Aと同様の現象Bの間には類似性が認められるものとみなして、そのことによって、自由落下運動という一般法則を認めるという方向性の考え方である。三つ目は、バークリが示す「関係（relation）」（*PHK* Intro 15）ないし「関係の思念（notion of relations）」（*PHK* 89 B; *PHK* 142 B）と呼ばれる考え方に訴えるという可能性である。『原理』序論では、「普遍（*universality*）とは、（略）なんらかのものの絶対的かつ積極的な本性ないし想念において成立するのではなく、あるものがそれによって意味表示されたり表現されたりする個物に対して持つ関係（relation）において成立するのであり、そのような関係によって、さまざまな物・名前・思念は、それ自身の本性は個別的なものであっても、普遍的（*universal*）なものとなる」とされ、さらに、「私が三角形に関するなんらかの命題を論証するとき（略）、たんに私が考察する特定の三角形は、あれこれの種類を問わず、あらゆる直線の三角形を等しく表わしたり代表したり（stand for and represent）しているだけであって、そのような意味で、それは普遍的である」と言われている（*PHK* Intro 15）。このような考え方に依拠するならば、特定の物が特定の時点において地面に落下するという個別的な自然現象の観察ないしそのような観察についての言及によって、自由落下運動という一般的な自然現象が代表ないし表現されると考えることができるだろう。

(12) この論点については、本章4以下でくわしく検討される。

(13) 同様の仕方で条件文を用いたバークリによる議論は他にも見られる（*PHK* 58; *DHP* III 251）。これらの議論は、ＥＩＰテーゼを現象論的に「存在するとは、知覚されること、あるいは、知覚されうることである」（Luce, 1968b, 61）と理解するＡ・Ａ・ルースの見解と同様のものだと考えられる。このようなルースの見解に対して、バークリの説において、心によって知覚されるものは現に知覚されているものだけだという観点から批判しているのは、チャールズ・Ｊ・マクラッケンである（McCracken, 1979, 286）。また、Ｊ・Ｄ・マボットは、条件文を用いた議論に訴えて可感的な物の継続的存在に関する問題に対処しようとする試みは、『注解』におけるつぎのような議論（第1章3－3で見た「マスター・アーギュメント」（*PHK* 23; *DHP* I 200）に類するもの）に訴えて、当の問題に対処しようとする解釈と同様に不十分なものとみなしている（Mabbott, 1968, 364-365）。「M. E.〔＝物質（Matter）と存在（Existence）を表わす記号（Cf. *Works* I 50）〕あなたは私につぎのように問う。「書物は、いま現在それを見る者がそこにだれもいないときでも、書斎の中にあるのかどうか？」と。私は「はい」と答える。あなたはつぎのようにも問う。「物が実際に知覚されていないときに、それが存在すると想像するのは誤りではないのか？」、と。私は「いいえ」と答える。われわれの観念の存在は、それが知覚され想像され考えられていることに存する。それらの観念が想像されたり考えられたりするときはいつでも、それらは存在する。それらが言及されたり述べられたりするときはいつでも、それらは想像されまた考えられている。したがって、あなたは私にそれら観念が存在するのかどうかを問うことはけっしてできない。そうではなく、まさにそのような問いを根拠に、それらは必然的に存在する」（*PC* 472）。

(14)　同様の見解として、ベネットは、特定の条件文を用いて「（特定の）物の存在の継続性」を主張しようとする場合には、過去の結果を通じてその条件文が真であったということだけでなく、現在の私の存在（現在の私による知覚）が必要とされる、という趣旨のことを述べている（Bennett, 1971, 180）。

(15)　非物質論においては、通俗的な議論と厳密な（哲学的／科学的）議論とが複合的に用いられていると見られることについては、第7章を参照。

(16)　『対話』には、EIPテーゼの意味をめぐって、「可感的な物の存在が知覚されうることにある」という見解を排除し、「可感的な物の存在は現に知覚されているもののみである」ということを支持しているように見られる一節がある。そこでは、「私は、可感的な物の存在が知覚されうることにあるのを認めるが、その存在が現に知覚されることにあるのは認めない」というハイラスの見解に対し、フィロナスは

「では、観念以外になにが知覚可能なのだろうか？ そして、観念は現に知覚されることなしに存在できるのだろうか？ これらのことはわれわれの間でずっと前から認められてきた点だ」と応答している（*DHP* III 234）。

(17) 本書における「形而上学的」という語の用法については、第3章注（16）を参照。

(18) われわれが知覚する感官の観念ないし可感的な物の原型を神の心の中に認めるという解釈の可能性を示している人物として、バークリと文通を行なっていたアメリカ哲学の父と目されるサミュエル・ジョンソン（Samuel Johnson, 1696–1772）がいる。彼は、たとえば、バークリ宛の一七三〇年二月五日付の書簡において、つぎのように述べている。「あなたによれば、われわれが見る諸観念は、神の心の中にあるのではなく、われわれ自身の心の中にある。それゆえ、可感的な諸物は、無限の心によって知覚されるのと同様に、無限の心の中に存在するとあなたが言うときに、私が恐れ入って想念するところでは、あなたはつぎのように理解されなければならない。それは、われわれの可感的な諸物ないし諸観念の現物（originals）ないし原型（archetypes）は無限の心の中にわれわれとは独立して存在する、すなわち、可感的な諸物は神の心の中の原型において存在するということである。それゆえ、私が想定するところでは、ある木についての神の観念（すなわち、神の心の中にある木）は、われわれの観念の現物ないし原型にちがいない。そして、われわれの観念は、神の観念の写し（copy）ないし像（image）であるにちがいない（われわれの観念が神の像であるのは、われわれの魂が神の似像であるのと同じ意味においてである）。そのような像は、さまざまな創造された心の中に数多くあるだろう。そのことは、それらのすべてが対応するような同じ原物に対して、数多くの絵があるのと同じである」（*Works* II 286）。それに対して、バークリは、ジョンソン宛の一七三〇年三月二四日付の書簡において、「私は、神の心の中のさまざまな観念をわれわれの観念の諸原型と呼ぶことに対して反対はしない。しかし、私が反対するのは、哲学者によって、実在物と想定されたり、いかなる心による知覚とも独立に合理的かつ絶対的に存在すると想定されたりするさまざまな原型に対してである。神の心の中にある理想的な存在と物質的な諸物の実在は別ものだということはあらゆる物質論者の意見である」(*Works* II 292)と回答している。ただし、このようなバークリの回答に関して、ダンシーは、おそらくバークリはジョンソンが示すようなわれわれの感官の観念が神の心の中の観念(原型)の写しだという考え方を認めていないだろうという見解を示している(Berkeley, ed. Dancy, 1998, 226)。

(19) 人間の心を知性と意志という二つの部分へと分ける考え方が伝統的なものであることについて、たとえばトマス・リード(Thomas Reid, 1710–1796)は『人間の能動的能力についての論考(*Essays on the Active Powers of Man*)』における序論(Introduction)の冒頭で、つぎのように言及している。「人間の心のさまざまな能力を知性(*Understanding*)と意志(*Will*)に分けることはたいそう古くから行なわれてきたことであり、そのような考え方はたいそう一般的に受け入れられてきた。前者にはわれわれのあらゆる思索的なものが含まれ、後者にはわれわれのあらゆる能動的な能力が含まれる」(*EAPM* 5)。

(20) 『注解』では、つぎのように言われている。「G.S.〔= 神(God)と精神(Soul)ないし魂(Spirit)を表わす記号(Cf. *Works* I 50)〕あらゆる物の属性は神の中にある。すなわち、神の中には、意志だけでなく、知性もある。神は見ることのない動因(agent)ではない。そして、実際のところ、見ることのない動因というのは、矛盾である」(*PC* 812)。

(21) われわれにとっての感官の観念(可感的な物)が神にとっての想像の観念だという考え方を示しているのはジョナサン・ダンシーである。彼がそのように考える理由は、もしそうでなければ(すなわち、神が感官の観念のようなものを知覚するのであれば)無数の神の存在が要求されてしまうような無限遡行が生じるからである(Dancy, 1987, 53)。

(22) おもに可感的な物の公共的存在に関する問題との関連で、神の心とわれわれの心は同一の観念を共有するという点で似ているという形而上学的想定に疑問を呈する論者として、デイヴィッド・ヤンデルがいる（Yandell, 1995, 416）。また、神の知覚と神の因果性を同一視する解釈を採るメリッサ・フランケルは、「神の知覚は人間の知覚と似ていない」とする（Frankel, 2012, 389）。

(23) マボットと同様に、バークリが示す神に知覚を認めると、そのような神には不完全性を認めることになるということにとくに留意した解釈を示す論者にジョージ・H・トーマスがいる。彼は、神に知覚を認めるとそのような神は他のものからなにかを受容することになるので、バークリが言及する神の知覚というものは、神が知ることや神が理解することとみなされるべきだと考える（Thomas, 1976, 163–168）。

(24) バークリの神に知覚を認めることで、そのような神は苦痛をこうむることになるという懸念にとりわけ留意し、バークリにおける神の知覚を神の因果性と同一視することによって、そのような懸念を無効化しようとする解釈を採る論者として、メリッサ・フランケルが挙げられる（Frankel, 2012, 388–396）。

(25) 神は苦痛をこうむらないということを示すバークリの公式見解として、『対話』における以下のようなフィロナスの発言がある。「神はわれわれの中にあるさまざまな苦痛の感覚を知り、ときにはそれらの原因になるのだとしても、神自身が苦痛をこうむるなどということを私はきっぱりと否定する。限定的で他に依存する精神であるわれわれは、さまざまな感官の印象や外的な動因の諸結果を免れず、それらは、われわれの意志に反して生み出されるときには、苦痛なものであったり不快なものであったりすることもある。しかし、神は、いかなる外的な存在者からも影響を受けないのであり、われわれとは違って感官によってはなにも知覚せず、その意志は絶対的かつ独立したものであり、あらゆる物の原因となるが、なにかにくじかれたり抵抗されたりといったことはない。明らかであるのは、このような存在者は、なんらかの苦痛をこうむることはありえないということであり、なんらかの苦痛の感覚を受けることはありえないのだが、実のところ、いかなる感覚も受けないということだ」（*DHP* III 240-241）。

(26) 具体的にはつぎのように言われている。「G〔＝神（God）を表わす記号（Cf. *Works* I 50)〕神は、あらゆる観念を、たとえそれが痛みを伴うような不愉快な観念であっても、それによって苦しむことなく理解する。たとえば、われわれは自らなんらの精神的苦痛や不愉快さを持たずに、やけどなどの苦痛を想像する（imagine）ことができる」（*PC* 675）。

(27) まさにこのような問題意識から、神の原型という考え方を否定し、神が持つ諸観念とわれわれ有限の心が持つ諸観念は数的に同一なものだという解釈を示す論者として、マーク・A・ハイトが挙げられる（Hight, 2005, 97-128）。

(28) このようなバークリの説に対する反論をジョージ・ディッカーはつぎのようなものとして提示している。「1．可感的な諸物はさまざまな観念ないし感覚の集合体にすぎない〔＝集合体テーゼ〕。2．いかなる感覚ないし観念も二人以上の心によって知覚されえない。3．ゆえに、いかなる可感的な物も二人以上の心によっては知覚されえない」（Dicker, 2011, 282）。

(29) 非物質論における可感的な物の公共性について考える上で問題となる「同一性」とは異なるが、「人格の同一性（personal identity）」の問題を考えるにあたっての同一性について、一八世紀イギリスの道徳哲学者でありイギリス国教会の主教を務めたジョセフ・バトラー（Joseph Butler, 1692-1752）も、『宗教の類比（*The Analogy of Religion*）』（一七三六年）の付論「人格の同一性について」において、バークリと同様の区別を持ち出している。バトラーによれば、たとえば、五〇年間同じ場所にある木が立っているとして、五〇年前のその木と現在のその木とでは、もしそれらが物質の共通した粒子を持たないのであれば、「同じという言葉の厳密かつ哲学的な意味においては（in the proper philosophic sense of the word *same*）」同じ木ではありえないとされる。その一方で、「われわれが同一の生命の継続性が成り立っている一つの植物の同一性ないし一様性（identity or sameness）について話題にするときに、その植物の同一性ないし一様性は、同じ組織体の下で物質の多数の諸粒子へと伝達される。そこで、おおまかかつ庶民的な意味において（in a loose and popular sense）、そのような生命と組織体と植物は、絶え間ない諸部分の変化があるにもかかわらず、正当に同じものと言われる」とされている（Butler, 1995, 389-391）。なお、同一性の問題を考える上での、このような二つの区別については、Armstrong, 1989, 2-5を参照。

(30) バークリによるこのような「同一性」の通俗的な意味が、真偽に関わるものではなく、プラグマティックに成功するか否かに関わるものであるということをリチャード・T・ランバートは指摘している（Lambert, 1982, 30）

(31) 可感的な物の公共的存在に関する問題に対して、このような神の心の中の原型に訴える解釈を示しているのは、S・A・グレイヴである（Grave, 1968, 306）。

第5章　現時点において知覚されていない可感的な物の存在

序

これまで見てきたように、もしバークリの非物質論における集合体テーゼ・内属テーゼ・ＥＩＰテーゼに基づいて成立する諸観念ないしそれらの集合体としての可感的な物の存在が厳密には特定の個人によって特定の時点に知覚されるものに尽きるのだとすれば、未来という時点において知覚されるであろう、われわれの身の回りの諸対象の存在や過去に知覚されたさまざまな物ないし事象の存在は、非物質論においてはどのような仕方で説明されることになるのかが課題となりうるだろう。そして、とくに未来において知覚されるであろう事象を把握したり予期したりすることは、言うまでもなくわわれわれの日常生活において必須のことがらである。というのも、未来の出来事について話題にするのはわれわれが日常生活を送る上で欠かせないことであるし、とりわけ未来において知覚されるであろう事象についてあらかじめ把握することは、自らの生存を保護するというわれわれ人間にとって第一のものと想定される目的を達成する上で、もっとも基本的なことがらだと考えられるからである。そこで、本章では、「非物質論において、未来に知覚されるであろうことがらの把握はどのように説明されることになるのか?」という課題(「現時点において知覚されていない可感的な物の存在に関する問題」)を検討することにしたい。

そして、上述のように、われわれの日常生活において自らの生存を保護することは第一に重要なことがらだと考えられることから、上記の問題を検討するにあたって、以下では、われわれが将来において自らの身に降りかかるであろうさまざまな危険を回避するということがバークリの非物質論ではどのように説明されるのかということを吟味することによって、この問題に接近することにしたい。同時に、そのような吟味を行なうにあたって、本章では、同様のことがロックの経験論においてはどのような仕方で説明されることになるのかについても併せて考察することにしたい。というのも、われわれがいまだ経験されていない未知の対象を危険なものと把握するという経験的な事実は、バークリに限らず経験論哲学一般にとって説明を必要とすることがらだと思われるからである。そこで、以下では、ロックとバークリの哲学体系を比較検討しながら、どのようにしてわれわれは将来において自らの身に降りかかるであろう危険を回避するのかという課題に接近することにしたい。そして、上述したような現時点で知覚されていないことがらの中には、過去における事象も含まれると言ってよい。そこで、「過去において知覚されたことがらがバークリの説においてどのように認められうるか?」ということも考察の対象になりうる。このような問題は、自らの記憶や他者の証言などの二次的な情報をわれわれの知識に取り込むことについての正当化の問題などが含まれる大きな問題であり、それについては機会を改めて考察することにしたいが、ここでは、補論として、そのような問題に対する簡単な見通しを示すことにしたい。

本章の構成は、つぎのとおりである。最初に、ロックやバークリの考え方では、一般的にわれわれがどのようにしてある対象を危険物と知り、それに対処することになるのかを検討する(1)。続いて、われわれが、より性急な対処が必要とされるような危険な状況に対処する場合(2)と、自分自身で自らが危険な状況にあることを知覚していない場合(3)について、バークリの考え方ではそれらがどのように説明されるのかを検討し、以上の検討内容を踏まえて、バークリの非物質論において、われわれが危険を回避する際に不可欠なものはなにかということについて考えてみたい(4)。さらに、補論として、バークリの非物質論においては、過去において人びとによって知覚された歴史的な事象の存在について、それがどのように説明されることになるのかについての簡単な見通しを示し(補論)、本章を総括したい(結語)。

1　危険物についての知識とその回避の手段

最初に、われわれはどのようにしてある対象を危険物と知りそれを避けるに至るのかということについて、ロックの物質論とバークリの非物質論ではそのことがどのように説明されるのかを検討しよう。以下では、火を例に挙げて、ロックの説とバークリの説を対比しながら、この課題について検討することにしたい。さて、火は、われわれの身体と接触すれば危険である。しかし、必ずしも火それ自体が危険だというわけではない。というのも、それは、生命維持の源である食事をつくるための道具となり、われわれを襲うものを追い払う手段ともなりうるからである。では、火が危険だという知識はどのようなことなのだろうか。それは、火とわれわれの身体に危険な関係が成り立つということを知ることだと言えるだろう。では、このような関係についての知識が得られるには、どのような手続きが必要であろうか。

ロックの経験論では、「どこから心は理性と知識のあらゆる材料を手に入れるのか？　これに対して、私は一言で、経験からと答える」（*Essay* 2.1.2）とされ、また、第1章**1**－**2**で見たように、心の直接的な対象は観念とされている。これらのことから、ロックにおいては、本章が考察の対象とするようなわれわれの経験的知識は観念を通じて得られることになる。他方、バークリが考える知識は、観念と精神についての二系統に分類される（*PHK* 86）。その中で、精神についての知識は、「思念

(notion)」(PHK 89 B)と呼ばれ、そこには、つぎの一節で示されるように、観念間の関係についての知識も含まれる。

われわれは、諸物すなわち諸観念の間のさまざまな関係について知ったり、そのようなさまざまな関係についての思念を持ったりしているが、われわれは、そのような関係を知覚することなしに、関係づけられる諸観念や諸物を知覚できるという点で、そのような関係と関係づけられる諸観念ないし諸物は別ものである。（*PHK* 89 B）

火と身体の関係で言うと、バークリの考え方では、火が身体にとって危険だという観念間の「関係（relation）」自体は知覚されないことになるので、両者に危険という関係が成り立つことは、厳密に言えば、思念としての知識に属することと考えられる。[1] そして、このような知識を得るには、少なくとも火と身体は知覚されなければならないはずである。とはいえ、バークリは、後述するように、危険回避などの実際の行動にとっては、観念は必ずしも必要とされない場合があることを論じている。このことから、バークリにとって、観念は危険回避の行動を喚起するために必ずしも不可欠なものではないと考えることも可能である。しかし、バークリの場合は、ロックとは異なり、観念それ自体が知識とみなされている余地があること、[2] また、集合体テーゼ・内属テーゼ・ＥＩＰテーゼといったわれわれの知覚に関する基本原理を認めるバークリにとっても、観念の存在はわれわれにとって根底的なものになると考えられることから、本節では、非物質論の考え方において、われわれはどのようにして観念を基にして、ある対象が危険物であるという知識を得たり、あるいは、そのような危険物を避けたりするようになるのかを示すことにしよう。

さて、ロックは、「火のない島が幼い子供たちの居住地に決められたなら、(略)彼らは、そのようなものの思念を疑いなく持たないだろう」(*Essay* 1.4.11)と言う。よく知られるように、ロックは、『人間知性論』第一巻で、生得観念(innate ideas)の存在を否定するが、彼の考え方によれば、たとえば、われわれは火の観念を生まれながらに持つのではなく、それは、経験すなわち感覚によって獲得されるものである。同様に、バークリにおいても、火の観念は、EIPテーゼなどに即して、感官によって現実に知覚される必要がある。それでは、ある対象が知覚されることによって、それが特定の可感的な物(火)として知られたとき、その物が危険なものだということを、われわれは、どのようにして知るに至るのだろうか。この点で、ロックとバークリに違いが現われる。

ロックは、「火は触覚にとって痛いものと言われるが、これが、われわれの〔心の〕中に苦痛の観念を生む能力を示す」(*Essay* 2.31.2)と述べ、「われわれは、感官によって、炭の色やもろさを知覚するが、そのことで、木材の色や堅さを変化させる、火の中の他方の能力の知識を得る」(*Essay* 2.23.7)とも言う。このように、ロックの説では、火の中には、心の中に苦痛の観念を生む能力と同時に、他の物体を変化させる能力が備わるとされる。すなわち、ロックの物質論では、火を構成する物そのものないし物質の能力(性質)が、心の中に苦痛を生み、かつ、人の身体を含む他の物体を破壊させるということになる。これらのことから、ロックの物質論では、このような物（火）の能力が、われわれにとって危険だということになる。したがって、火が危険なものであるという知識は、上記のような能力を火が持つことを知ることだと言えるだろう。では、ロックの考え方において、われわれが、そのような知識をひとたび獲得した場合に、その後、そのような危険物を回避する行動はどのように説明されるのだろうか。

われわれの造り主は、われわれという存在者の生命の保存を意図されたので、多くの物がわれわれの身体に当たるとき、これに苦を結びつけて、それらの物のなす害を警告し、それらから遠のくようにと忠告されたのであった。（*Essay* 2.7.4）

この一節では、このような物と身体との接触を回避するわれわれの本能は、「われわれの造り主の叡智と善性」（*Essay* 2.7.4）によるものだという形而上学的な説明がなされている。そして、このような本能によって、われわれは、ある物が危険だという知識をひとたび得れば、本能によってそれを回避する行動をとることになるというような想定が可能であろう。

では、物質の存在を否定するバークリの説においては、われわれが、火は危険物だという知識を得るようになることと、それを避ける行動をとることは、どのように考えられるのだろうか。バークリは、色、匂い、音、熱さ、形、大きさなど、彼が「可感的諸性質」（*PHK* 7, *DHP* I 190）と呼ぶ観念や[3]

あらゆる可感的な物がすべて心の中にあると論じる際に、つぎのように言う。

フィロナス　それら〔＝熱さと苦痛〕はともに同時に直接知覚され、火は、一つの単純観念すなわち複合されない観念だけをあなたに与えるので、この同一の単純観念は、直接知覚される激しい熱さであると同時に痛みであり、したがって、直接知覚される激しい熱さは、特定の種類の痛みにほかならない。(*DHP* I 176)

第**1**章**3**－**4**でも確認したように、ここでは、火に感じる熱さと痛みは同一の観念だと言われている。すでに述べたように、バークリの場合はロックとは異なり観念それ自体が知識だと考えられている余地があるので、かりにバークリにとっては観念そのものが知識の一種だと仮定するならば、彼の説においては、火が身体に触れたときに、火と熱さと痛みが一体のものとして知覚されることによって、それが自らの心に痛みをもたらす危険なものだという知識が得られることになるという説明の仕方が考えられるだろう。では、ある対象が危険物だと知ったあとに、われわれに危険回避の行動をとらせるものは、ロックの場合では、そのような危険を避ける生得的な本能に帰せられていると考えられることを見たが、バークリの場合では、それはどのように説明されるのだろうか。第3章**1**で確認した『対話』におけるつぎのフィロナスの発言を再度見てみよう。

フィロナス 〔赤く熱した〕鉄の固性や熱さは、視覚の対象ではなく、視覚によって固有に知覚される色や形によって、想像に示唆される。（*DHP* I 204）

さて、同じく第3章**1**で見たように、バークリにとって、視覚観念と触覚観念は数的にも種的にもまったく異なるものである。しかし、上記の一文（*DHP* I 204）で言われているのは、視覚観念としての色や形と、触覚観念としての堅さや熱さは、おのおのの感官に固有で互いに独立しているが、鉄の形や赤さが知覚されることで、鉄の熱さが、われわれの想像に示唆されるということである。このことによって、われわれは、鉄の赤い色を見ることで、以前に知覚した熱さと一体になった痛みの観念が想起され、それによって、危険を回避することができるという説明の仕方を想定することが可能である。このような異なる種類の観念間の結合の働きは、つぎのように説明される。

観念間の結合は、原因と結果の関係を含意するのではなく、符合ないし記号と指示されるものとの関係を含意するだけである。私が見る火は、それに近づけば私が受ける苦痛の原因ではなく、それを私に前もって警告する符合である。（*PHK* 65）

第3章**4**で確認したように、バークリの非物質論において、観念間の関係ならびに可感的な物の間の因果関係は、記号関係として理解されることになる。そして、上記の一節（*PHK* 65）では、私が見る火（視覚観念）は、それに近づけば私が受ける苦痛（触覚観念）を警告する記号であるとされている。

以上のように、ロックの物質論では、火とわれわれの心ないし身体の間の因果関係を理解することが危険回避の行動のための要件であると考えられるが、バークリの非物質論では、このような観念間の記号関係が想像に示唆されることで、危険回避の行動が可能になるという説明が与えられることになるだろう。

2　状況を不十分な仕方で察知する場合の危険回避の手段

さて、われわれは、日頃からさまざまな危険に対峙するが、そのような状況は、ある対象を危険物だと明確に認識した上で、その危険物からわれわれの身体を遠ざけるという場合だけに限られるわけではない。むしろ、一般的には、まさに危険そのものとは突如迫ってくるものと考えられ、そのように性急な対処が必要な状況では、対象が十分に知覚されないような場合がある。たとえば、背後から自動車が猛スピードで接近しているとき、その騒音を耳にすることができても、その車を見ていないときなどがそうである。それでは、先述のバークリの「記号」理論では、上記のような、われわれがある対象を不十分な仕方でしか知覚できないような状況下で危険を察知し、それに対処する方法は、どのように説明されることになるのだろうか。第３章で検討した馬車の一節を再度見てみよう。

フィロナス　私が馬車が通りを走るのを耳にするとき、私が直接知覚するのは音だけだ。しかし、そのような音が馬車に結合されるのを私が経験してきたことから、私は馬車を耳にすると言われるのだ。けれども、明らかなのは、真にまた厳密には、音以外にはなにも聞かれることはできず、それゆえ、馬車は、感官によって固有に知覚されているのではなく、経験から示唆されているということだ。（*DHP* I 204）

火の例と同様、ここでも、馬車の聴覚観念によって、その触覚観念を含む可感的な物としての馬車が示唆されると言われている。また、この例においても、異なる種類の観念間の記号関係が成り立っている。この例では、もし以前になにかの物体と身体との接触によって得られた苦痛の経験や、物体間の衝突によって物体に損傷が起きるのを観察するという経験があれば、馬車（自動車）の音を聞くだけで、そのような苦痛や物の損傷といった触覚観念が想像に示唆され、危険回避の行動をとることが可能になるだろう。

ところで、第3章では、この馬車の例によって、その音を聞くことで、その触覚観念などが示唆されるということを見たが、別の箇所では、同じ馬車の例を用いて、われわれが、その音によって、たんなる可感的な物としての馬車に尽きない、ある重要な情報を得る可能性が述べられている。

物音の変化によって、私は、馬車が異なる距離にあるのを知覚し、外を見る前に、馬車が近づく

のを知る。このように、私は、耳で、まさに眼と同じ仕方で、距離を知覚する。(*NTV* 46)

ここでは、距離が馬車の音によって知られると言われている。しかし、バークリによれば、距離は、厳密には、視覚によっては知覚されず(*NTV* 2)、触覚に固有の観念である(*NTV* 50)。では、バークリにとって、触覚以外の観念によって距離を知るとはどのようなことなのか。

われわれが視覚観念によって距離やある距離に置かれたさまざまな物を感知するとき、視覚観念は、現にある距離に存在する諸物を示唆ないし示すのでなく、しかじかの時間的隔たりをもって、また、しかじかの動きの結果として、どのような触覚観念が、われわれの心のなかに刻印されるのかを警告するだけである。(*PHK* 44)

なるほど、本来的には、距離は触覚に固有の観念だとしても、われわれは、ここで言われるように、日々実際に、おもに視覚を用いて距離を把握している。さて、ロックの物質論における物体間の因果関係には、それらの接触が前提されている。この接触によって、物質の持つ能力ないし性質が他の物質に影響を及ぼすことができる。他方、バークリの場合は、観念である物体間の因果関係は否定されている。しかし、現実において、走行する自動車と身体が激突すれば、身体に深刻な被害が生じるということは、現にわれわれが抱いている当然の信念であり知識だと言えるだろう。そこで、非物質論では、このような一連の観念の継起（交通事故）は、神が与える自然法則に帰せられる。そして、このような事態の予告として、視覚観念によって未来にいかなる触覚観念が生じるかが警告されていると、この引用箇所では言われている。また、第3章**4**でも見たように、バークリの説において、この警告を与えるのは他ならぬ神の存在である。そのことを示す『新説』における一節を再度よりくわしく見てみよう。

> 視覚に固有の諸対象は、自然の創造主の普遍的な言語を構成している。それによって、われわれは、自らの身体の保全と福利に必要なものを得るために、また、自らの身体にとって有害で、危害を加えるようなものすべてを避けるために、われわれの行動を統制する仕方を教えられる。われわれが、主として、生命についてのあらゆる取り扱いや重大事において導かれるのは、それらの告知によってである。また、視覚対象が、隔たっている対象を表わし示す様式は、人間が規定する言語や記号の様式と同じである。というのも、人間の言語や記号が、それによって示される諸物を示唆するのは、自然とのなんらかの類似性や同一性によってではなく、われわれが経験によってそれらの物と記号の間に見出す習慣的な結合によってのみだからである。（NTV 147）

第3章**1**で見たように、バークリにとって、本来触覚に固有の距離の観念と視覚観念は互いに異なるものであり、それらの間の関係は必然的なものでない。したがって、これらの間の関係は恣意的なものであるのに、われわれは、日常的に、視覚観念によって、触覚観念の存在を判断している。上の引用箇所では、これらの間の恣意的な関係が、人間によって規定される言語記号とそれによって指示されるものとの間の関係と同列に捉えられている。そして、われわれが視覚観念を手がかりにして本来は触覚に固有の観念について判断し、自らの生命の保全を遂行できるのは、神が与える言語による告知の結果であると論じられている。

以上のことから、バークリの説において、視覚や聴覚の観念をきっかけとして、(それらとは恣意的な結びつきしかない)危険回避の行動の動機となる苦痛の観念や身体の保全のために不可欠な距離の観念といった触覚観念がわれわれの心に示唆されるのは、神の言語の賜物だと説明されることになる。

3　状況を自ら察知できない場合の危険回避の手段

前節では、危険な状況を不十分な仕方でしか知覚できないような、より性急な対処を要する場合についての検討を行なった。しかし、それでも、そのような状況は、少なくともいずれかの感官によって、危険な状況に関連のある一部の観念が知覚されている場合であった。ところが、場合によっては、つぎのように、自ら危険な状況にありながらも、自分自身ではその状況の一部すら知覚しないが、危険を回避できる場合もある。たとえば、同じく自動車の例で言えば、その音にも気づかずに車が迫ってくるような場合などがそうである。このようなとき、幸運にも、だれかに「危ない！」と知らされることで（このように、少なくとも聴覚によって声は知覚される必要はあるが）、危険を避けることもあるだろう。それでは、バークリの説では、このような場合はどのように説明されるのだろうか。『原理』序論では、つぎのように言われている。

言葉で表わされる観念を伝達することは、一般に考えられているような言語の主要で唯一の目的でなく、なんらかの情念を起こす、行動を喚起または制止する、心を特定の性向に据えるといった、それ以外の目的もある。（略）談論を聞く場合であれ読む場合であれ、なんらかの言葉を知覚することで、なんら観念が間に入ることなしに、恐れ、愛情、憎悪、賞賛、軽蔑などの情念が、直ちに心の中に生じることが、しばしば起こらないだろうか。（略）われわれは、自らに降りかかりうる個々の災難を考えたり、抽象的な危険の観念を自らのうちに形成したりしなくとも、危険に怯え、恐怖心を起こすのではないか。（*PHK* Intro 20）

ここで、バークリは、ロックの「人が言葉を用いるとき、その言葉の記号表示は、その者の観念に限定され、言葉は観念以外のなにものの記号にもなりえない」（*Essay* 3.2.8）という考えに対立した見解を示しているものと考えられる。[4] ここで言われている「観念」がロックとバークリの場合で同じなのかは注意を要するが、少なくとも、バークリにおける観念は、感官の観念（可感的な物）か想像の観念のいずれかである。たしかに、これまで見てきた説明では、自分自身では危険につながる状況をなんら知覚せず、ただ「危ない！」と語りかけられるとき、バークリの言うように、それがいかなる物ないし状況に関して言われているかが不明で、そのことがなんら想像に示唆されようがなく、危険に関わる具体的な観念の持ちようがない。したがって、そのようなときには、バークリ的な意味での観念はなにも伝達されていないことになる。

ところが、バークリが上記の一節（*PHK* Intro 20）で述べるように、言語にはそれに対応する観念がなくともわれわれの行動を喚起する働きがあるのだとすれば、少なくともそのような言葉さえ耳や目にすることができれば、直接に危険回避の行動を喚起させることが可能になる。そして、このようなバークリの言語説は、われわれが直接生死に関わる危険物を避けることを説明するには、実に都合のよい理論だと言えるだろう。なぜなら、われわれは、多くの危険物に関して、本章1で見たような、現実に知覚し苦痛を得ることで、ある対象を危険物であると知るような場合とは異なり、実際には、多くの場合に、それがもたらす苦痛の（触覚）観念を持たずに（すなわち、経験せずに）、それを避けていると言われうるからである。たとえば、われわれは、ほとんどの場合、毒キノコや劇薬からこうむる実際の苦痛の観念を得た経験がなくても、他人からの助言によって、それらを避けている。そして、人の生死に関わるさまざまな危険物に関して、他者の言葉によってそれらが危険なものであると知らされるとき、たとえば、われわれは、自らの実際の経験で得たなんらかの危険物に付随する（別の）苦痛の経験をそれらに適用することによって、それらと自身の身体との接触の場面を想像し、苦痛の観念を類推するといったような（回りくどい）説明の仕方を想定することも可能であるかもしれないが、概して、それらの実際の触覚観念を得ることは（でき）ないのも事実である。このようなことから、言語には観念を介さず、情念や行動を喚起する働きがあるとするバークリの見解は、直接生死を左右するような危険回避の行動を説明するのに簡便な説だと考えることができる。そして、このような言語観は、二〇世紀以降の言語行為論のような、なにかを言うことはなにかをすることだという観点から言語を分析する立場の先駆けと見る解釈もある(5)。

以上のように、もしわれわれが危険な状況にあるにもかかわらず、そのような状況の一部さえも自ら知覚できない場合でも（すなわち、バークリの非物質論の体系に沿った用語で言えば、神の言語が届かない状況でも）、他者が語りかける言語（少なくともその大部分は神の存在による自然法則に依拠しているとはいえ）によって危険を回避できる可能性が残されていると考えることができる。

4 危険回避に不可欠なものとはなにか

最後に、本章におけるこれまでの議論を踏まえ、バークリの非物質論において、われわれが危険を知り、それを回避するために不可欠なものはなにかということについて考えてみたい。すでに見てきたように、それは言語だと考えられる。彼の考えでは、危険は、一方で、神の言語によって、他方で、人間の用いる言語によって教えられる。彼にとって、視覚や聴覚の観念は、われわれの危険回避の行動に深く関わる苦痛や距離といった触覚観念を示唆する神の言語だと言える。また、彼にとって、人の用いる言語は、危険に直接関係する観念を介さずとも、行動を喚起できる卓越した道具だとみなされる。そして、もしわれわれがこれらの「言語」のうちのいずれをも知覚することがなければ、すなわち、これまで検討してきた例を用いて言えば、もしわれわれが自らに接近する自動車の一部となる視覚観念も聴覚観念（神の言語）も知覚せず、また、他者からの救いの言葉も知覚できないとすれば、自らの生命を保持する行動をとることはほぼ不可能だということになるだろう。

ところで、バークリは、『原理』序論において抽象観念の存在を否定する議論を行なう中で、おもに学問上の関心から、「知識の大部分は、言葉の濫用によって、奇妙にも混乱させられ、不明瞭にさせられてきた」（*PHK* Intro 25）と述べ、また、われわれには「知識の第一原理から言葉という妨げや惑いを一掃すること」（*PHK* Intro 24）が必要であると言う。しかし、危険回避というわれわれの生命維持にとって必須の行動をとる際には、彼にとっては、観念よりもむしろ言葉のほうがより重要であると言うこともできるだろう。なぜなら、これまで見てきたように、われわれは、ある対象や状況が危険だという具体的な観念を持たずとも、言葉によってそれを避けるという行動を喚起させられることが可能だからである。

補論　過去における可感的な物の存在

本章における補論として、つぎのような大きな問題について、それに対する私なりの考え方の見通しを簡単に示すことにしよう。その問題とは、日常的にわれわれは過去に存在した物のことや過去において生じた出来事（歴史的事象）について現に話題にしているのであるが、バークリの非物質論では、われわれがそのような歴史的事象を話題にしていることについて、どのような説明の仕方がなされうるのかというものである。

このような問題に関しても、これまで検討してきたバークリ流の示唆と呼ばれる心のふるまいとバークリ特有の言語観がおそらく鍵となるであろう。たとえば、バークリは、ジュリアス・シーザーの絵画を見る場合を例にして、この歴史上の人物のことを知らない人とは違って、彼のことについて知っている人の思考がこの紀元前ローマの将軍に向けられるのは、「推理力（reason）や記憶といった、なんらかの魂の内的な機能」（*DHP* I 196）によるものだとしている。ここにおける「なんらかの魂の内的な機能」とは、バークリ的な示唆という心のふるまいのことだと理解できるだろう。そして、このような魂の内的機能が働くときには、過去に伝聞によって喚起された情念やかつて知りえたシーザーに関する諸観念の集合体（たとえば、シーザーの肖像画についての心的なイメージなど）が心に示唆されることによって、当の将軍に心が向けられるという想定を行なうことができるであろう。では、最初に歴史上の人物や過去の出来事などを伝聞するときには、われわれはそれらをどのように知ると説明されうるかを考えてみれば、『原理』序論において、「固有名でさえも、それによって表わされると想定される個物を見させる意図をもって語られるわけでは必ずしもない」（*PHK* Intro 20）と言われていることからも、上述のバークリ特有の言語説を敷衍すれば、非物質論においても、われわれは、過去の人物や出来事に関して、それらの具体的な観念を持つことなく、その意味が互いに伝達し合えるという想定が成り立つ余地はあるであろう。

結　語

さて、これまで見てきたように、非物質論において、可感的な物として世界に存在するものはすべて観念として個々人の心の中に位置づけられるものと考えられる。このような彼の考え方は、序章1で示したように、後世において「観念論（idealism）」と呼ばれ、一見すると、それは個人の心の中を世界のすべてとする閉じた体系のように思われる。しかし、これまでの議論からわかるように、このようなバークリの哲学体系にあっても、われわれは、さまざまな言語を通じて、現に対峙する世界の状況を好転させる可能性に開かれているのだと解釈することができるだろう。

本章で検討してきたように、非物質論の枠組において、特定の個人が現に具体的な観念を持たずとも、「示唆」という心のふるまいについての考え方やバークリ特有の言語説に訴えることで、われわれが現に未来における事象を予知したり過去の事象を話題にしたりしていることに一定の説明がつくと考えられる。また、バークリの説において、われわれの危険回避行動がどのように説明されるかを検討する中で、彼の体系内において重要と考えられるものとして言語の存在が挙げられるということは、彼の哲学を特徴づける一つの重要な点だと考えることができるだろう。

（1）　バークリの考えでは、観念と観念の間の関係は知覚されず、観念に原因は見出されないとして、観念（物）の間の因果関係が否定される。しかし、彼は、観念が一定の順序で推移することを自然法則として認めるので、たとえば「火が私の身体に触れて、私は痛みを感じ、怪我をした」という一連の観念の順序は、それが実際に特定の個人によって経験されれば、自然法則として認められることになるだろう。また、これらの観念の継起において、時間的に先行する観念（火）が痛みの原因と言われることを、彼は、哲学的語法としては否定しても、人びとが一般的な語法として使用することについては、彼の常識擁護の立場からも否定しないであろう。

（2）　少なくとも『原理』や『対話』においてバークリが示している「知識」が、たとえばラッセルが言うような「物についての知識」や「直知による知識」に近いものである可能性については、第1章注（11）を参照。

（3）　すでに述べたように、「性質（quality）」という語の用法に関してロックとバークリの間で違いがあることについては注意が必要である。第1章**3－1**でも見たように、ロックにおける性質は、色や熱さなどを生み出す「能力」であり、物体ないし物質に内在する性質である。したがって、ロック的な用法では、それは直接知覚されるものではなく、観念ではない。他方で、バークリにおける性質とは、色や熱さといった感覚的性質だけでなく、物の形や大きさなども含めたわれわれが知覚するさまざまな感覚ないし観念のことである。

(4) 語と観念の表示の問題を考える上で、ロックとバークリの「観念」の用法が異なること(すなわち、ロックの言う「観念」には「概念」が含まれること)については、冨田、一九九一、二一-九三、Tomida, 2001, 5-52 を参照されたい。また、ロックにおいても観念を表示しない有意味な語が認められることについては、冨田、二〇〇六、一九三を参照されたい。

(5) このようなバークリの言語観を二〇世紀以降の言語行為論や倫理学における言葉の情緒的な意味についての理論の先駆的形態とみなす考え方については、たとえば、Berkeley, ed. Dancy, 1998, 197; Berman, 1993, 205-212; 1994, 144-166 を参照されたい。このような言語観は、『アルシフロン』第七対話におけるつぎのようなユーフラナーの発言においても示されている。「言葉の用途には、判明な諸観念を表わしたり示唆したりするということ以外にも別のことがありうる。それは、すなわち、われわれの行ないや行為に影響を与えるということなのだが、そのような行ないや行為は、われわれがそれによって行為をするための規則を形成することとか、あるいは、われわれの心の中に特定のさまざまな情念や性向や感情を喚起させることのいずれかによってなされうるのだ」(*Alc* VII 292)。『アルシフロン』第七対話では、このような言語観に基づいて、「恩寵(grace)」や「信条(faith)」といった宗教的なことがらの機能を理解しようとする試みがなされている。

第6章　心の存在

序

概して、われわれは、日々の生活において、私ないし自分が心と呼ばれるものを持ち、また、自分と同じような存在者は他にもいて、そのような他者も自分と同じように心を持つと考えているだろう。同じく、われわれは、そのような私や他の心には意志の働きがあり、それによって、なんらかの思考を働かせたり、あるいは、自らの身体を運動させたりし、さらに、より複雑なさまざまな行動を起こしたりとすると考えているだろう。しかし、バークリ哲学において、（相異性テーゼは別として）集合体テーゼ、内属テーゼ、ＥＩＰテーゼといった非物質論の基本原理によっては、われわれの心やその意志の働きを知覚するという仕方で確証することはできない。というのも、すでに第1章の**1－3**で確認したが、「私が考えるに、厳密には、われわれは能動的な存在者や作用についての観念を持つと言われることはできない」(*PHK* 142 B)、「私は、厳密には精神についての観念を持ってはいないが、精神についての思念を持っている」(*DHP* III 233 B) などと言われているように、自我や他我の観念、あるいは、心的な原因の観念は存在しないと考えられているからである (*PHK* 27 B, 89 B, 135, 142 B; *DHP* III 233; *PC* 176a)。そして、このことは、一面においては、われわれの日常的ないし常識的な考え方にも近いと考えることもできるだろう。というのも、通常、われわれは、自らの心の働きについてなんらかの仕方で意識していると感じるであろうが、それを五感ないし感官のいずれかによって知覚していると考えているわけではなく、また、われわれは、私と同じように、他の心が存在することやそこに心の意志の働きがあるということを信じてはいるであろうが、それらを直接的な仕方で知覚しているとは考えないだろうからである。とはいえ、常識を擁護しようとするバークリにとっては、上記のように常識的な観点からその存在が認められる心についての信念を確保することは不可欠であろう。また、彼の懐疑論批判の目的からしても、彼の原理によっては、われわれ自身やそれ以外の心の存在やその意志の働きを認められないとなれば、彼にとって都合が悪いであろう。では、バークリはわれわれの心に関する信念をどのような仕方で認めるのだろうか。本章では、そのような問題について検討することにしよう。

本章の構成は、つぎのとおりである。バークリは、私の心の存在 (**1**)、他の心の存在 (**2**)、心における意志の働き（3）をどのような説明の仕方で認めているのかということをおもに彼の文献上の記述に基づいて順に確認する。最後に、第2章の結語で事前に予告しておいた課題、すなわち、「非物質論において、観念と心は独立した存在者でありうるか？」という課題（「観念と心の存在の相異性に関する問題」）について検討し（4）、本章を総括したい（結語）。

1　私の心の存在

はじめに、バークリは、私の心すなわち自我が存在することをどのような説明の仕方で認めているのかを見よう。彼による私の心の存在についての説明のあり方には、つぎの二つの種類のものが見出される。一方の種類のものとして、以下のような記述を挙げることができる。

われわれが、われわれ自身〔＝私〕の存在を理解するのは、内的な感じすなわち反省（inward feeling or reflexion）によってである。（*PHK* 89 B）

フィロナス　私自身の存在、すなわち、私自身の魂、心、すなわち、思考する原理を私が明証的に知るのは、反省（reflexion）によってである。（*DHP* III 233 B）

上記の引用箇所では、ロックの語法を踏襲したと考えられる第1章1-3で見た説明の仕方で、[1] われわれは自らの心・精神・魂の存在を「反省（reflexion）」によって知ると言われている。

その一方で、私の心ないし自我の存在についての別の説明の仕方として、つぎのような記述が挙げられる。

> 私が私自身であるところのもの、すなわち、私が私という語によって意味指示する（denote）ものは、魂すなわち精神的実体によって意味されるものとまったく同じものである。（*PHK* 139）

> なるほど、広い意味で、われわれは、精神についての観念、あるいはむしろ思念（or rather a notion）を持つと言われうる。[2] すなわち、われわれは、その〔精神という〕言葉の意味を理解しているのであり、さもなければ、それ〔精神〕についてどのようなことも肯定も否定もできないだろう（*PHK* 140）

フィロナス　私は、厳密には神やそれ以外の精神のいずれの観念も持たないことを認めている。というのも、これらのものは、能動的であるので、たとえば、われわれの観念がそうであるような完全に不活性な（inert）ものによっては表象されえないからだ。それにもかかわらず、私がまさに知っているのは、一つの精神すなわち思考する実体である私が存在するということとだ。そして、そのことは私のさまざまな観念が存在するということと同様に確かなことなのだ。さらに、私が知っているのは、私が私や私自身という語によって意味するものだ。（*DHP* III 231）

これらの引用文で言われているように、われわれがその言葉の意味を理解しているという説明の仕方によって、そこでは、私自身の心の存在が認められていることがわかる。そして、このような考え方は、第4章で可感的な物の公共的存在に関する問題を検討した際に、異なる人びとがある対象を同じものと知覚することができるということに対して、われわれは実際に言語を使用することによって互いに特定の対象を同定し合っているというわれわれの常識的信念に訴えた説明がなされたことに通ずるものがあると考えられるだろう。さらに注目されるべき点として、つぎのことを指摘しておこう。それは、第3章**1**において、可感的な物に対する感官知覚の直接性に関する問題を検討した際に、われわれの感官による「直接知覚」についての一方の説明のあり方において、「木、石、火、水、肉、鉄や、これらに類するさまざまな物、それらを私は名づけたり会話の対象としたりするのだが、それらは私が知るものなのだ。そして、私がそれらを感官によって知覚することがなければ、私はそれらを知ることなどなかっただろう」（*DHP* III 230）と言われていたが、本節で見た私の心の存在についてのバークリによる他方の説明の仕方は、このような可感的な物の存在についての説明の仕方に類するものだということである。

以上のことをまとめよう。第一に、われわれ自身の心、すなわち、私自身の存在についてのバークリの説明においては、われわれが自らが存在することを直観的に知るということをロックが用いる語法に従って、反省によって知ると言われていることがわかる。第二に、同じことについての他方の説明のあり方としては、われわれは実際に私自身の心の存在についての言葉の意味を理解しているということに訴えるというものが見出される。

2　他の心の存在

続いて、バークリの非物質論において、他者の心すなわち他我の存在についてはどのように説明されるのかを見てみよう。『原理』と『対話』には、つぎのような記述がある。

フィロナス　私は、私自身の心と私自身のさまざまな観念についての直接的な知識を持つのだが、私は、それらのものの助けによって、他のさまざまな精神とそれらの諸観念が存在する可能性を間接的に理解するのだ。（*DHP* III 232）

われわれは、われわれ自身のさまざまな観念を介して、他の精神の心の中にある諸観念を想念するのだが、そのとき、われわれは自らのさまざまな観念が他の精神の諸観念の類似物だと想定している（suppose）のである。同じく、われわれは、われわれ自身の魂を介して、他のさまざまな精神のことを知るのである。そのような意味で、われわれ自身の魂は、他のさまざまな精神の像あるいは観念である。というのも、われわれ自身の魂は、私によって知覚される青さや熱さが他のさまざまな精神によって知覚されるそれらの観念に対して持つのと似たような関連（re-spect）を他の精神に対して持つからである。（*PHK* 140）

これまで言われてきたことから明らかなのは、われわれが他のさまざまな精神の存在を知るのは、それらの他の精神のさまざまな作用、すなわち、そのような他の諸精神によってわれわれの〔心の〕中に喚起される諸観念以外の仕方によってではありえないということである。私はさまざまな観念がいろいろな仕方で運動したり変化したり結合したりするのを知覚するが、それらのものが私に知らせるのは、それらのものに伴い、それらが生み出される際にともに働くような私に似た特定の個別的な諸動因（agents）があるということである。それゆえ、私が他のさまざまな精神に対して持つ知識は、私のさまざまな観念についての知識のように直接的なものではなくて、つぎのような諸観念が介在することに基づいている。すなわち、それらは、さまざまな結果ないし随伴的な諸記号として、私自身とは別ものである諸動因（agents）すなわち諸精神へと私によって関連づけられるような諸観念である。（*PHK* 145）

このように、バークリは、自らの心やその観念を介して（間接的に）、他の心の存在やその観念を知ると言う。ここで注意されるべきことは、とりわけ上に挙げた二つ目の引用文（*PHK* 140）で示されているように、私の心を介して他の心の存在を知ると言われる際に、私が持つ観念によって他の心が持つ観念を想起するときに想定しているとされる類似関係が、私の心の存在と他の心の存在との間の関係にも適用可能だとみなされている点である。第4章において可感的な物の公共的存在に関する問題を検討した際に、そこでは、われわれが現に言語によって互いに特定の物を同定し合えることを前提とした議論がなされているということを確認したが、上記の他の心に関する主張も、このような考え方に基づいているものと考えられる。その理由として、以下のようなことが考えられる。私は、自分自身が持つ観念を知覚することはできるが、他者の持つ観念は（それが存在すると仮定して）知覚できない。それゆえ、私は前者と後者の間の類似関係を知覚することはできない。同じく、私は、自らの心は「反省」によって知るのだとしても、他の心は（それが存在すると仮定して）知覚できないので、私の心と他の心の間の類似関係も知ることもできない。それゆえ、もしこれらの間に類似関係があると言われるのであれば、私と他の心の存在がともに認められた上で、私の心と他の心の存在や、私の持つ観念と他の心の持つ観念の間に類似関係があるということが、あらかじめ想定されていなければならないだろう。そこで、そのような想定を可能にするものとして自然に考えられるのは、バークリの哲学においては、可感的な物の公共的存在に関する問題を検討する際に確認したような自己と他者との間で言語使用が現に成り立っているというわれわれの常識的な信念であろう。そして、このことについては、バークリ中期の『アルシフロン』第四対話において、「私に他の人格の存在を確信させるものとして、他者が私に語りかけるほどのものはない。厳密かつ哲学的な意味において、あなたが存在することの最良の論証は、私にとっては、あなたが話しているのを私が耳にすることだ」(*Alc* IV 148) と述べられている(3)。

以上のことをまとめよう。バークリの非物質論においては、私の心の存在が反省によって知られるとされるのとは対称的に、他の心の存在は、それ自身は直接的に知られるものではない。それゆえ、彼の説においては、他の心が存在することや、私の心と他の心が類似関係にあること、そして、私が持つ諸観念と他の心が持つ諸観念が類似関係にあるということはあらかじめ想定されているものと考えなければならないだろう。そして、そのような想定を可能にするものは、日常生活において現にわれわれは、他の心が存在することを前提し、他の心と言語を用いて意思疎通を行なっているというわれわれの常識的な考え方だということになるだろう。

続いて、他の心のうちで顕著なものの一つとして、バークリの説においては、神の心の存在がどのように考えられているのかを見ることにしよう。というのも、第1章**1**-**1**で確認したように、非物質論の大きな目的の一つに無神論を論駁することがあったということからすると、当然ながら、彼は神の存在を認めているはずであろうからである。そこで、『対話』におけるつぎの一節を見てみよう。

フィロナス　観念という言葉を広い意味で捉えるなら、私の魂によって私にはある観念、すなわち、神の像ないし類似性が与えられると言われうるだろう。とはいえ、そのことは本当のところはきわめて不適切な言い方ではあるのだが。というのも、私が神について持つあらゆる思念は、私自身の魂が自らのさまざまな能力を高め、その不完全性を除去するということを反省することによって得られるからだ。それゆえ、私は、不活動な観念という仕方ではないとはいえ、私自身の中に、神についての特定の種類の能動的で思考するものの像を持っている。そして、私は、感官によって神を知覚するのではなくても、反省や推理（reasoning）によって、神についての思念を持っているのだ。すなわち、私はそのようにして神のことを知るのである。

（*DHP* III 231–232）

ここでは、私という存在者が、自らの能力を反省することを通じて、推理によって、神についての思念を持ったり、神についての知識を得たりするということが論じられている。このことは、たとえば、第4章などで見た、心に意志の作用があることを一つの前提として神の存在を導く論証（受動性論証）などを通じて、神についての思念や神が存在するという知識が得られるということだと考えることができるだろう。そして、われわれは神の存在を感官によって知覚するわけではないので神についての観念は持たないが、バークリの説においても、上記のような考え方を通じて、いま述べた神の存在を導く論証のような（意識的な）推論過程を経て、そのような思念を持つのだと考えることができるだろう。

3　意志としての心の働き

本節では、私の心には意志の働きがあるというわれわれの常識的信念がバークリによってどのような説明の仕方で認められているのかを確認することにしよう。われわれの意志の働きや心の作用に関して、『原理』第二版における加筆箇所では、つぎのような説明がなされている。

われわれは、魂や精神、そして、意志する・愛する・憎むといった心のさまざまな作用（operations）についてのなんらかの思念を持っているのだが、そのことは、われわれがこれらの意味を知っているかぎりにおいてそうなのである。（*PHK* 27 B）

私は、私の心や私の心のさまざまな観念に対する諸作用についての知識ないし思念を持つのだが、そのことは、私がそれらの言葉によって意味されるものについて知ったり理解したりしているかぎりにおいてそうなのである。（*PHK* 142 B）

このように、われわれがさまざまな心の作用を持つことや、われわれの心がさまざまな観念に対してなんらかの作用を持つということが、まさにそのような言葉の意味を知っているというわれわれの経験的事実に基づいて認められている。

そこで、そのようなわれわれの心の作用ないし働きは具体的にはどのようなものなのかをよりくわしく見ることにしよう。バークリは、「精神が観念を生む、あるいは、精神が観念に作用するとき、それは意志（*will*）と呼ばれる」（*PHK* 27）と言っている。ここでの「意志」は、上記の引用文（*PHK* 27 B）における「意志する・愛する・憎む」などといった、われわれのさまざまな「心の作用ないし働き」のことを指しているものと考えられる。そして、ここで言われている「精神が観念を生むとき」というのは、すでに見た「受動性論証」において、想像の観念はわれわれの意志の自由になるということが一つの前提とされた場合のように、われわれが自らの想像力によって心的なイメージを自由に操作することができるという経験的事実のことだと考えられるだろう(4)。

では、「精神が観念に作用するとき」（*PHK* 27）とは、どのような場合のことが念頭に置かれているのだろうか。バークリは、つぎのように言っている。

> フィロナス　この花を摘むときに、私が能動的であるのは、私がそのことを自分の手の運動によって行なうからだ。そして、そのような手の運動は私の意志作用（volition）の結果として生じるものだ。（*DHP* I 196）

フィロナス　たとえば、私は、自分の指を動かすのにけっして道具を用いない。なぜなら、その

ことは意志作用（volition）によってなされるからだ。（*DHP* II 218）

このように、上記の章句では、私の身体の運動は私の意志作用の結果だということが認められている。したがって、バークリの説において、私自身の意志の働きが自らの（感官の観念ないし可感的な物としての）身体の運動の原因だというわれわれの常識的な信念が認められていることが見て取れる。

とはいえ、このようなバークリの主張にもかかわらず、彼の非物質論において、われわれが自らの身体の運動に関して意志の自由を持ち、われわれの意志が自らの身体の運動の原因になっていると考えることには困難が伴う。というのも、第3章**3**などで確認したように、バークリの考えでは、われわれは感官の観念ないし可感的な物を感官によって知覚する際にはまったく受動的だということ（感官知覚の受動性）が考慮に入れられるならば、われわれ自身の身体も諸観念の集合体としての可感的な物にすぎず、そのような点で、われわれの身体の運動も受動的に知覚されるにすぎないもののように思われるからである。さらに、これまで見てきたバークリが示す神の存在が原因となる「自然法則」が考慮に入れられるならば、特定の規則的な諸観念の順序としての身体の運動はまさに神によって与えられるものだということになり、われわれが自らの身体の運動に対する原因である余地はないことになってしまうように思われる。

そして、以下のような記述は、上記のような論点を踏まえてなされたものと考えられる。

他のさまざまな人物に対して影響を及ぼす際に、人間の意志が対象とするのは、自らの身体の手足の運動以外にはなにもないということは明らかである。しかし、そのような自らの身体の運動が他の心の中のなんらかの観念によって伴われたり、あるいは、自らの身体の運動が他の心の中のなんらかの観念を喚起したりすることはまったく創造主の意志に依存する。（*PHK* 147）

われわれが見たり聞いたり触れたり、あるいは感官によって知覚するすべてのものは、神の能力の記号ないし結果であって、そのことは、人びとによって生み出されるまさにその〔身体の〕運動に対するわれわれの知覚についてもそうなのである。（*PHK* 148）

フィロナス　神が身体におけるすべての運動を生み出す唯一の動因（agent）などいうことを私はこれまでにまったく言ってはいない。なるほど、私はさまざまな精神以外になんらかの動因があることを否定してきた。しかし、このことは、思考する理性的な存在者が、さまざまな〔身体の〕運動を生み出すときに、たしかに究極的には神によってもたらされたものだとしても、直接的には彼ら自身の意志（wills）の指揮下にある制限された諸能力を使用するということを認めることとまさに首尾一貫している。そして、このことは、彼らに対して彼ら自身のさまざまな行動についてのあらゆる責任があると認めるのに十分なことだ。（*DHP* III 237）

これらの章句では、われわれ自身が自らの身体の運動の原因であることと、そのような身体の運動やそれに対するわれわれの知覚は究極的には神に由来するものであることがともに認められているものと考えられる。[5]

本節におけるこれまでの検討内容を要約しよう。バークリは、われわれの心の意志の作用を、われわれがそのような言葉の意味を知っているという通俗的な観点から認めているということが言えるだろう。しかし、厳密な意味においては、彼の説において、とくにわれわれ自身の意志が自らの身体の運動に対する原因であるということを認めるには困難が伴うことが見出された。そして、上で示したようなバークリ自身の文献上の記述からすれば、われわれの身体の運動は、われわれの意志と神の意志との協働作業の結果だというような形而上学的な説明が彼の説において成り立つ余地がありうるだろう。[6] しかし、もしそのような形而上学的な説明がバークリの説において成り立つ可能性があるとしても、彼の文献上の証拠に基づいたなんらかの解釈による補強が必要になるであろう。[7] そして、そのような課題については、それが成功するか否かという問題も含め、今後の検討課題としたい。

4　観念とは独立したものとしての心の存在

第2章では、「非物質論における可感的な物はわれわれが常識的な意味で実在すると認めるようなものなのか?」という課題（「可感的な物の実在性に関する問題」）を検討した。その際、本書の考え方として、つぎのようなことを示した。すなわち、この問題に対しては、バークリの文献中に見られる相異性テーゼ（観念と心はまったく種類を異にする別ものの存在者である）に訴えずとも、私が持つさまざまな観念の間の規則性・鮮明さ・恒常性についての彼の見解に訴えることで、一定の応答が可能だということである。とはいえ、同章の結語では、その問題に対しては相異性テーゼに訴えずに済むにしても、真にわれわれの常識的信念が確保されるためには、やはりこのテーゼは非物質論にとって必要となるであろうということについて簡単に言及しておいた。というのも、われわれが知覚するさまざまな観念ないしそれらの集合体である可感的な物とわれわれの心が独立していない（すなわち、それらは同じ）とすれば、そのような考え方は一種の一元論になると考えられ、もしそうなれば、彼の考え方は実質的に唯物論[8]のようなものになってしまうと考えることができるので[9]、そのようなことわれわれの日常的ないし常識的な信念（加えて、バークリが容認するはずの宗教的信念）とが容易に一致するとは限らないように思われるからである。そこで、本節では、本書が最後に取り上げる個別の課題として、「非物質論において、観念と心は独立した存在者でありうるか?」という課題（「観念と心の存在の相異性に関する問題」）について検討することにしたい。

ところで、第1章**2**－**2**で見た章句（*PHK* 2, 89; *DHP* III 231）で示されている相異性テーゼによって、バークリは一種の二元論を容認しているように思われる。しかし、タリア・メイ・ベッチャーも指摘するように（Bettcher, 2008a, 148）、このようないわば括弧つきの二元論は、デカルトのような思惟実体と延長実体という二つの実体を認める考え方と同一視されるようなものでない[10]。なぜなら、たとえば「精神、すなわち、知覚するもの以外にはいかなる実体（substance）もない」[11]（*PHK* 7）と言われているることからも明らかなように、バークリにとって、観念は実体ではありえないからである。

では、バークリの非物質論において、観念と心の間の存在論的な関係はどのように考えられるのだろうか。この問題に対しては、第2章2でも検討したS・A・グレイヴの解釈を端緒として、さまざまな解釈が示されている。最初に、グレイヴが指摘した問題点がどのようなものであったのかを確認しておこう。第2章ですでに見たように、A・A・ルースは、非物質論における「観念と心は互いに異なるものである」という相異性テーゼを強調する解釈を採用することによって、バークリの常識擁護の主張に重きを置く見方を示している。それに対して、グレイヴは、非物質論には「相異性原理（distinction-principle）」（本書の呼び方では、相異性テーゼ）とそれに対立する「同一性原理（identity-principle）」があり、これらの両原理はともに相容れず、バークリの体系から前者を放棄するという方向性の解釈を示している。彼の見方では、（集合体テーゼ、内属テーゼ、EIPテーゼ、そして、彼の抽象観念説批判に基づいた物質否定の議論に即して）「光や色、熱さや冷たさ、延長と形、一言で言うと、われわれが見たり触れたりするさまざまな物とは、多くの感覚、思念、観念ないし思考以外のなにものであるのか？　思考においてさえも、これらのいずれかのものを知覚から分離することは可能であるのか？」（*PHK* 5）と言われていることから、バークリの説において、観念とそれに対する知覚とが同一視されることになり、それに伴って、観念と個々の心が密着させられることによって、以下のことが帰結すると言う。それは、私の心の中にあるのと同じ観念があなたの心の中にあることはできないということ（第4章で検討した「可感的な物の公共的存在」に関することがら）であり、われわれ個々人が知覚するさまざまな物は、われわれの知覚が中断することで、断続的に存在することになるということ（第4章で検討した「可感的な物の継続的存在」に関することがら）である。そして、彼は、以上のような考え方をバークリにおける心についての考察にまで推し進め、「存在することは知覚されることである（＝EIPテーゼ）」が同一性原理に従って解釈されると、対象とそれが知覚されることの両方があるということにはならない。なぜなら、これらは同一のものなのだから」（Grave, 1968, 309）と論じる。[12] このような見解を示すことによって、グレイヴは、バークリの体系が唯心論的ないし一元論なものになる可能性について注意を喚起する見解を示している（Grave, 1968, 306–313）。

以上のような、非物質論に見られる相異性原理と同一性原理が相容れないのではないかというグレイヴの提言を踏まえて、さまざまな論者がバークリの体系に唯心論ないし一元論を帰するような解釈を示している。以下では、そのような路線に沿った典型的な解釈を二つ示すことにしよう。

ジョージ・ピッチャーは、グレイヴの言う相異性原理と同一性原理が両立しないことを論じつつ、やはり前者の原理を放棄する見方を示しながら、つぎのような解釈を示す。それは、バークリの言う「観念」を「知覚の様式（ways of perceiving）」とみなすというものである。[13] そして、ピッチャーは、いわゆる（知覚の）副詞説（adverbial theory）的な考え方[14]をバークリの説に適用することによって、たとえば「ある心はある青い球の観念を知覚する」という命題は、「ある心は青く球的な仕方で（in a blue-spherical manner）知覚する」ないし「ある心は青く球的に（blue-spherically）知覚する」に変換されるというような解釈を示す（Pitcher, 1977, 189–203）。このような考え方によると、バークリが示すさまざまな観念ないしそれらの集合体としての可感的な物からは、われわれの心の対象としての側面が失われることになる。

さらに、バークリの心についての見方を一元論的なものとみなす解釈として、比較的最近の論者で言えば、たとえばロバート・G・ミュールマンが採用するような考え方が挙げられる[15]。彼は、『注解』に記されてはいるが[16]、最終的には棄却されたと一般的には理解されているヒューム的な心についての見方（心は知覚の束であるという説[17]）をバークリは持ち続けているのだが、『原理』や『対話』ではそのことが隠されているという見方を示している（Muehlmann, 1992, 170–204）。

以上のようなバークリの説における観念と心の存在論的な関係についての解釈があるとはいえ、すでに見た相異性テーゼを提示する箇所以外でも、彼は、観念とは独立した存在者としての心について言及しているのも確かである。以下の章句では、相異性テーゼに関連して、よりくわしく心・精神・魂の存在についてのバークリの考え方が示されている。

どのような枠組や組織のものであれ、さまざまな物体は心の中の受動的な諸観念にすぎないので、心と物体は、光と闇の関係以上に隔たりがあり異種のものなのである。われわれが示してきたのは、魂は不分割であり非粒子的で延長せず、それゆえ、それは腐敗しないということである。われわれがひっきりなしに見るさまざまな運動・変化・腐敗・破滅（そして、それらはわれわれが自然の順序（the *course of Nature*）ということで意味するものである）が自然の諸物に降りかかることや、それらが能動的で単純で不分割な実体に作用することはどうやってもありえないということほどに明らかなことはない。それゆえ、そのような存在者〔心〕は自然の力によっては分解されない。すなわち、人間の魂は本性的に不滅なのである。（*PHK* 141）

フィロナス　私が私自身の存在を知ったり意識したりすること、そして、私自身は私の観念などではなく、そのような観念以外のなにか、すなわち、さまざまな観念に対して知覚したり知ったり意志したり作用したりする一つの思考する能動的な原理だということを何度繰り返さなくてはならないのか。一つの同一である私がさまざまな色や音の両方を知覚することを私は知っている。同じく私が知っているのは、色は音を知覚できないことや音が色を知覚できないこと、それゆえ、私は色や音とは別ものである一つの個別的な原理であること、同じ理由から、私はそれ以外のあらゆる可感的な物や不活性な諸観念とも別ものである一つの個別的な原理であるといったことだ。（*DHP* III 233-234 B）

前者の一節では、おもにバークリの宗教的立場が念頭に置かれて、心ないし魂が不滅であることや、心が観念ないし可感的な物から影響を受けないことが論じられている。後者の一節では、私という心的存在者は観念とは異なる一つの能動的な原理だということが示されている。[18] このように、『原理』や『対話』における公式見解としては、私という心の存在が観念とは独立に存在する一つの個別的な原理だということが主張されているのは明らかである。

しかし、解釈者の間では、バークリが心的実体ないし精神的実体の存在にコミットしていたという考え方は伝統的に論争の対象であり、そのような考え方は放棄されることもあった（Cf. Bettcher, 2008b, 179）。というのも、バークリが一方で物質的実体の存在を否定しつつ他方で心的実体の存在を肯定するのは不合理であるように思われるからである。[19] しかし、このようなバークリの説における心的実体を擁護する解釈として知られるのがマーガレット・アサートンによるものである（Atherton, 1983, 389–399）。[20] 彼女の解釈は、以下のように示すことができるだろう。バークリは物質的実体の存在を否定したからといって、心的実体の存在を放棄する必要はない。なぜなら、物質的実体に関する議論と心的実体に関する議論は非対称だからである。そして、物質と心が非対称な関係にある根拠としては、ＥＩＰテーゼに即して、ある観念が知覚されているとき、バークリの考えでは、そこに気づきないし意識が生じているということが挙げられる。このような考え方はロックやデカルトから引き継がれたものであり、[21] そのような気づき（awareness）や意識（consciousness）の所有者がバークリの体系における心的実体だとみなすことができる。

以上のようなアサートンによる非物質論における心的実体の擁護が成功しているとするならば、少なくとも観念に対する気づきないし意識を支持するものとしての心的実体の存在がバークリの体系に認められるということになるかもしれない。とはいえ、アサートンのような考え方によってバークリが示す心的実体の存在は容認されうるのだとしても、われわれによって知覚される観念と観念に対するわれわれの気づきは経験的に同時に生じているものとみなされるので、そのような考え方によって、心と観念の間の存在論的な相異性までが確立されるとは限らない。たとえば、私がいま目の前のパソコンに向かってこの文章を打っていることを自覚しているとき、目の前のパソコン（感官の観念ないし可感的な物）とパソコンを目の前にしていることに対する私の心の気づきは同時にそれらの存在が生じていることになるので、そのような点において、アサートン的な考え方から、観念と心が独立だということが帰結するか否かについては不明瞭である。したがって、観念と心が互いに独立した存在者であること（相異性テーゼ）をバークリの体系に真に認めようとするならば、アサートンが示すような観念に対するわれわれの気づきという考え方に訴えるだけでは不十分で、そのような両者の相異性を可能にするようなさらに別の根拠が必要になるように思われる。

そこで、以下では、一つの提案として、バークリの非物質論に見られる相異性テーゼ（観念と心はまったく異なる存在者である）を是認することのできるような考え方を示すことにしたい。そのような解釈上の提案として、心理学的な観点からのものと形而上学的な観点からのものの二つを提示することにしよう。

第一に、心理学的な観点からの解釈上の提案を示そう。第3章補論では、たとえば、われわれが、目の前の世界を現実のものとして知覚するとき、あるいは、ある特徴的な音を馬車として知覚するときや、ある対象を一定の距離にあるものとして知覚するとき、バークリの体系では、示唆と呼ばれる心のふるまいが必ず生じており、それは無意識的な推論過程によって遂行されていると解釈できることを確認した。そこで、先ほど見たアサートンの考え方に即して言うならば、われわれがある感官の観念ないし可感的な物を知覚するとき、同時にそれに対する気づきも生じている。その一方で、われわれがある感官の観念を特定の可感的な物として知覚するとき、理論上は示唆と呼ばれる心的過程はそのような知覚と同時に生じてはいると考えられるが、現実的にわれわれにはそのような心的過程に対する気づきは生じてはいない。なぜなら、そのような心的ふるまいは無意識的なものと想定されたからである。そこで、そのような示唆という心的過程はわれわれが持つ観念に対する気づきとは独立のものと想定し、そのような心的過程を行使する主体を観念とは独立した心的実体とみなすという考え方がありうるだろう。すなわち、そのような考え方によって、われわれの観念とそれに対する気づきのさらに下層にそれらとは独立した示唆という心的過程を遂行する主体を想定することで、われわれの観念の出現とは独立した心的ふるまいを行使する主体としての心が認められる余地があるかもしれない[22]。

第二に、非物質論における観念と心の間の存在論的関係に関する相異性テーゼを擁護する可能性のある形而上学的な観点からの解釈上の提案を示そう。その際に思い出されたいのは、第1章1－2で確認されたこと、すなわち、バークリの非物質論は、ロック的な物質論で想定されている「物質・観念・心」の三項関係のうちの物質という一項を消去するものであったということである。もしロックの体系において認められている「物質・観念・心」という三つの存在者が互いに独立したものと想定することが可能であり、[23] また、バークリもそのような枠組を念頭に置いた上で物質の存在を否定したのだとすれば、観念と心は互いに独立した存在者としての身分が確保されることになるという理解がありうるだろう。しかし、このような構図における三つの存在者の独立性はあくまでも形而上学的な想定であって、とくに観念と心が独立して存在する根拠についてはさらなる検討が必要となるかもしれない。その場合には、観念と心の間の存在論的独立性については、上述したような心理学的な観点からの説明が一つの根拠となる余地があるだろう。

結語

最後に、本章でこれまで検討したバークリによる心の存在や働きに関する見解についての簡単なまとめをすることにしよう。

私の心の存在については、ロックの語法に従って、私は反省によって自らの存在を知るという考え方が見られた。その一方で、私は私という言葉の意味を知っているということを理由にその存在を認める説明の仕方があった。

他の心の存在については、私の存在や私が持つ観念を介して、間接的に他の心の存在を知るという説明の仕方が見られた。しかし、私が持つ観念と他の心が持つ観念、そして、私の心と他の心の間には類似関係があるというバークリの主張が成り立つためには、他の心が存在することや他の心も私と同様に観念を持つということが前もって認められていなければならない。そのような主張が成り立つための根拠として考えられるのは、われわれが現に互いに言語を用いて意思疎通しているという経験的事実であることが確認された。また、無神論の論駁を彼の非物質論の一つの目的とするバークリは、他の心のうちの顕著なものとして神の存在を認めるはずであり、そのことに関係する記述が検討された結果、バークリは神の存在を論証によって知ると考えていることが理解され、たとえば第4章などで検討した受動性論証のようなものを介して、われわれが神の思念や知識に到達しうるということが確認された。

われわれの心の働きについては、われわれがさまざまな心の作用の意味を知っているということを理由として、その存在が認められるという説明のあり方が見られた。また、われわれの心の作用には観念を生み出す場合と観念に作用する場合があることがバークリの記述に認められるが、前者はわれわれが想像の観念を生み出す（メンタル・イメージの操作を行なう）場合であり、後者はわれわれが自らの身体を動かす場合であることが確認された。しかし、とくに後者の場合には、バークリが示すわれわれの感官知覚の受動性や神による自然法則についての主張によって、われわれが自らの身体の運動に対する自由を持つことに難点が見出されることを確認したが、本書では、今後の課題として、そのようなわれわれの身体運動は神とわれわれの心との協働作業であるとするような解釈の可能性について言及した。

最後に、バークリが示す相異性テーゼ（観念と心は独立した存在者である）を擁護する解釈の可能性として、心理学的な観点からのものと形而上学的な観点からのものを提案した。前者は、第3章で検討したバークリの説における示唆と呼ばれる無意識的な推論を遂行する主体としての心が観念とは別のものとして認められる可能性を示すものである。後者は、第1章で確認したロックの体系における「物質・観念・心」という三つの存在者が互いに独立したものであると認められ、バークリはその一つの項である物質の存在を否定したのであれば、彼の体系は観念と心という独立した存在者を容認する二元論的なものになりうるという考え方を示した。

（1） たとえば、ロックは、「反省（reflection）」ということに関して、以下のように述べている。「そこで、本談論の以下の部分において、私が反省という言葉によって意味していると理解されたいのは、心がそれ自身のさまざまな作用やそれら作用の様態に対して行なっている気づき（notice）のことである」（*Essay* 2.1.4）。

（2） 本引用文中の「あるいはむしろ思念（or rather a notion）」という表現は、現存する『原理』の草稿中には「あるいは思念（or notion）」という形で存在したが、『原理』第一版（一七一〇年）出版時には削除され、同第二版（一七三四年）出版時に上記の表現で復活した（Cf. *Works* II 105; Woozley, 1976, 428）。

（3） ルネ・デカルト（René Descartes, 1596–1650）は、『方法序説（Discours de la méthode）』（一六三七年）の第五部において、人間と機械や動物との間の違いを明確に示すものとして、人間が持つ記号や言語を用いる能力を挙げている（*AT VI* 56–59）。なお、『アルシフロン』第四対話では、神の存在を証明する以前に、まず、思考するものとしての他者の存在を肯定するような論証が示されている。バークリの代弁者であるユーフラナーは、「それでは、人間の意志とは独立した自然の運動から、人間の魂のものとは比較にならないほど、よりおおきな能力と叡智が推論されうることになるのではないか？」(*Alc* IV 146)、「さらに、自然の産物や結果の中に、はっきりとした計画や意図の統一性があるのではないか？」その法則は、一定で不動のものではないのか？」(*Alc* IV 146) と述べ、第4章などで見た、可感的な物の存在や可感的な物の間の規則的な順序である自然法則の原因となる神の存在を導く論証（受動性論証、自然法則の原因としての神の存在を導く論証）を示す。しかし、自由思想家であるアルシフロンはこのような論証を認めず、思考するものとしての他者の存在を証明するには役に立つが、神の存在には適用されないと彼自身が考える論証を示す。それが本書の本文中で示した引用文に見られるものである。それを推論形式で示すとつぎのようになるだろう。1. 恣意的な記号（言語）を用いて私に語りかけるものは存在する。2. 他者は恣意的な記号（言語）を用いて私に語りかける。3. ゆえに、他者は存在する。このようなアルシフロンの主張に対し、ユーフラナーは、第3章などで見た「自然の創造主の普遍的な言語」説を示すことによって、神は、われわれに対して、本来は視覚によってはそれと恣意的な関係しか持たない奥行きの知覚（触覚観念）を把握させるという自然の言語を用いて語りかけていると論じることによって、上記の論証が神にも適用されることを示し、神が存在することを主張する (*Alc* IV 149-158)。

(4) ただし、われわれ自身が自らの想像の観念の原因であるという考え方をバークリの説に認めるべきでないという解釈もある。そのような解釈を採るのは、ジョージ・ピッチャーである。バークリによれば、二つのことがらが規則的に生じるとき、先行するものを後続するものの原因とする考え方は不合理なものである (*PHK* 32)。そして、ピッチャーは、このような考え方を想像の観念に対するわれわれの意志作用と想像の観念との間の関係にも適用し、バークリはわれわれの意志作用が想像の観念の原因であるとする考え方を放棄すべきだと主張する（Pitcher, 1981, 225-227）。
（5） このように、これらの引用文では、われわれの身体の運動が神とわれわれの意志との協働によるものであることが示唆されているように思われる。しかし、そのような記述内容を踏まえた上で、ジョナサン・ダンシーは、*PHK* 147の一節に関して、上述したようなわれわれが自らの身体に対する運動の原因であることの不可能性について言及しているし（Berkeley, ed. Dancy, 1998, 217）、また、ジョージ・ピッチャーも、*DHP* III 237の一節に言及し、同様のことを論じている（Pitcher, 1981, 223-225）。さらに、バークリの説において、われわれの身体の運動の真の原因は神であって、そのような身体の運動に対するわれわれの関与は機会原因的なものになるという解釈については、Pitcher, 1981, 221-227; Lee, 2012, 539-576を参照されたい。なお、フェルディナン・アルキエ（Ferdinand Alquié, 1906-1985）は、「マルブランシュの機会原因（causes occasionnelles）論」を要約して、つぎのように述べている。「神のみが原因であって、われわれが世界やわれわれ自身のうちに見出しているように思われる見かけ上の原因は、神の作用（action）の機会原因（occasions）にすぎない。あらゆる被造物はどうやっても効力を持つことができない。ある物体は他の物体を動かすことができないのであって、さまざまな物体をそれらが占めるあらゆる地点へと順々に配置するのは神のみである。さまざまな有限の精神は、さまざまな物体と同様に効力を持たない。それゆえ、問題になるのが、二つの物理現象の間の連関の場合であれ、二つの思惟の間の連関の場合であれ、ある思惟とある物理現象の間の連関の場合であれ、被造物のうちに実在的な因果性の源泉を探し求めるべきではない。それは神のみに見出されるのである」（Alquié, 1977, 24）。マルブランシュの『真理の探究（*De la Recherche de la vérité*）』では、「機会原因」に関して、「おのおのの物／もの（chose）の本性ないし原因は神の意志にほかならない」、「あらゆる自然の原因は真の原因ではなく、機会原因（causes occasionnelles）にすぎない」、「いかなる物体もそれ自身を動かすことができないと言われるのと同様に、真の原因ないし原初的な原因としては、なんらかの物体〔＝物体ないし身体〕(corps) を動かすことのできる被造精神は存在しない」などと述べられている (*Recherche* 6. 2. 3)。

(6) ただし、『アルシフロン』第七対話では、以下の対話者のやり取りに見られるように、人間の自由についての通俗的な考え方がそれについての形而上学的な探究に優先することが主張されている点は注目されるべきだろう。そのやり取りとは以下のようなものである。まず、ユーフラナーが「私の意見では、人間は、自らが意志することができるかぎりにおいて、自由であると言われうる」と発言し、それに対してアルシフロンが同意するが、そのことを受けて、ユーフラナーは「だから、人間は、もし自らの意志に従って行動するのであれば、自由であるとみなされる」と発言する。それを受けて、アルシフロンは、「私が認めるところでは、そのような考え方は通俗的な意味においては正しい。しかし、哲学者はより高いレベルに進んで、人間は意志するほどに自由なのかどうかを探究するのだ」と発言する。それに対して、ユーフラナーは「すなわち、人間は自らが意志するとおりに意志することができるのかどうか、ということだろうか。私はこのような問いを持つことが哲学的なのかどうかはわからないのだが、しかし、その問いはたいそうつまらないものに思われる。罪や報い、正義や見返りといった思念は、人びとの心の中においては、あらゆる形而上学的な探究よりも優先するものだ。そして、そのような既存の自然な思念によれば、人間に責任があり、人間は行為し自ら決定するというのは疑われないことだ」と論じている (*Alc* VII 316)。

(7) たとえば、ジェフリー・K・マクドノーは、中世や近世における有神論的な哲学者は、神の全能性と人間の能動性ないし因果性との間の関係に関する問題について、「協働説 (concurrentism)」、「機会原因論 (occasionalism)」、「たんなる保存説 (mere conservationism)」のうちのいずれかを採用していたことを指摘し、バークリの説に整合的なのは「協働説」だけであることを論じている (McDonough, 2008)。

なお、同様の問題に関して、ライプニッツ（Gottfried Wilhelm Leibniz, 1646–1716）が「協働説」を採っていたと解釈されうることについては、根無、二〇一七を参照されたい。

（8）ここで私が言及している一元論としての「唯物論（materialism）」とは、世界は物体（body）ないし物質（matter）だけから構成されるという考え方のことで、それは、物体ないし物質の存在を認めるだけでなく、実体（それ自体で存在するもの）としての心、精神、魂といったものの存在を否定する見解のことである。近世において、そのような考え方を採用した代表的哲学者としては、トマス・ホッブス（Thomas Hobbes, 1588–1679）が挙げられる（Cf. Downing, 2004/2011; Duncan, 2009/2017; Hutton, 2015, 121–123）。なお、必ずしも心ないし精神の存在を否定するわけではなく、少なくとも物ないし物質の存在を認める立場である「物質論（materialism）」については、第1章注（3）を参照。

（9）このような懸念を示しているのは、S・A・グレイヴである。彼はつぎのように述べている。「バークリの説明において、観念は様態という仕方で心の中にあるのではない。もし観念がそのような仕方で現われるのであれば、心は物体化されてしまうことになるからである」（Grave, 1968, 312）。

（10）心と物体という二つの実体を認めるデカルトの記述として、たとえば『方法序説』における以下の一節を挙げることができる。「これらのことから私が知ったのは以下のことである。すなわち、私は一つの実体（substance）であり、その本質ないし本性は考える（penser）ということ以外にはないのであって、それが存在するために、場所も必要がないし、物質的なものにもまったく依存しないということである。また、それゆえに、この私、すなわち、それによって私が私であるところの魂（âme）は物体（corps）とはまったく別もの（distincte）であり、魂は物体よりも容易に認識され、物体がまったく存在しないとしても、魂はそれがあることをやめないであろうということである」（*ATVI* 33）。

（11）バークリは「実体（substance）」という概念に必ずしも明確な定義を与えているわけではない。まさにバークリにおける相異性テーゼの理解に関わることだが、彼は、デカルト的な一方のものが他方のものなしに存在しうるとするような実体観を示しているわけではない。心的実体ないし精神的実体に関しては、たとえば「私が知っているのは、私が精神的実体（spiritual substance）すなわちさまざまな観念の支え（support of ideas）があること、すなわち、ある精神はさまざまな観念を知ったり知覚したりするということを肯定するときに私が意味するものである」（*DHP* III 234 B）という『対話』におけるフィロナスの発言からすると、バークリにとっての実体は、少なくとも、なにかが存在するためにそれの支えとなるものを意味するものであると考えられる。

（12）ただし、EIPテーゼにおける「（観念ないし可感的な物が）存在すること」と「（観念ないし可感的な物が）知覚されること」は複合された全体の二つの側面だというのがバークリの真意と理解するグレイのような解釈もある（Grey, 1952, 338）。

（13）バークリは、「もし延長と形が心の中にのみ存在するのであれば、心は延長し形を持つということが帰結する。というのも、延長は様態（mode）ないし属性（attribute）であり、そのような様態ないし属性は（スコラの言い方では）それ〔＝延長〕が中に存在する主体の述語となるものだからである」（*PHK* 49）という彼の説に対する想定される反論に対して、「そのような〔延長のような〕諸性質が心の中に存在するのは、それら諸性質が心によって知覚されるときだけであって、すなわち、それらは様態ないし属性という仕方によって知覚されるのではなく、観念という仕方によって知覚されるのである。そして、延長が心の中にのみ存在するからといって、魂や心が延長していることにならないのと同様に、さまざまな色が魂や心の中に存在しそれ以外のどこにも存在しないことが満場一致で認められているからといって、魂や心が赤かったり青かったりするということにはならない」（*PHK* 49）と答えている。これらの記述から、延長や赤さなどの観念が心の様態であるという考え方はバークリ自身によって否定されていることがわかる。このようなバークリの考え方に対して、ピッチャーは、「青さや球の観念は意識の様態である」というバークリ的な言明において、「青さや球は意識の様態である」という考え方にコミットする必要はなく、「青さや球についての気づき（awareness）が意識の様態である」という考え方にコミットすればよく、その考え方によれば、少なくとも心自体が青や球であることにはならないという考え方を示唆している（Pitcher, 1977, 196）。

（14）知覚の哲学における、いわゆる副詞説（adverbial theory）については、たとえば、Fish, 2010, 33–49; Crane, 2005/2011 などを参照。

（15）比較的近年において、バークリの心についての見解を以下の本書の本文中で述べるようなヒューム的なものと同一視する解釈を採用する代表的論者としてミュールマンを挙げることができるが、同様の解釈の可能性をより早い段階で示していた論者として、イアン・C・ティプトンが挙げられる（Cf. Tipton, 1966, 59–71）。

（16）『注解』における心の存在をめぐるバークリの思考の変遷については、McCracken, 1999, 145–152 を参照されたい。チャールズ・J・マクラッケンによれば、バークリは、当初『注解』において、思考、観念、心の様態のすべてを同一視する見解を示していたが、続いて、意志と心を同一視し、さらに知性と観念を同一視する二元論を検討するに至るが、そうすると心は盲目的なものになるという問題に気づき、最終的に、知性と観念を分離させ、知性を心に帰属させることによって、知性と意志を一体的なものとする心についての見方を採用するに至ったとされる。

（17）よく知られているヒュームの心についての見解を示す記述として、以下のようなものが挙げられる。「この種の幾人かの形而上学者は別として、それ以外の残りの人間に関して私があえて主張するのは、そのような人間とはさまざまな異なる知覚の束ないし集合体（a bundle or collection of different perceptions）にすぎないということであり、そのような知覚は想念できないような速さで互いに継起し、絶え間ない流れと動きの中にあるということである」（*THN* 1. 4. 6）。「心とは一種のシアター（theatre）であって、そこではいくつもの知覚が継起的に姿を表わすのである」（*THN* 1. 4. 6）。このような考え方をヒュームに先んじてバークリが彼の私的なノートである『注解』に記していたことも研究者の間ではよく知られている。そのような記述の中で顕著なのは、つぎのものである。「＋ 心は、さまざまな知覚の寄せ集まり（congeries）である。知覚を取り去れば、心を取り去ることになり、知覚を据えるならば、心を据えることになる。」（*PC* 580）なお、この『注解』における記述の先頭に付けられた記号＋は、A・A・ルースの見解に従って（Luce, 1963, 56）、一般的にバークリが棄却した考え方を表わす記号と考えられてきたが、このような見解は後に批判にさらされ、ルース自身も上記のような彼の見解をやわらげたとされる（Cf. Berman, 1994, 4）。

(18) バークリ後期の『シリース』（一七四四年）においても、「円熟した反省に基づけば、あらゆる創造された存在者の中で、人格（person）ないし心だけが不分割なもので統一体（unity）の最たるものにあずかっているように思われる」（*Siris* 347）という記述が見られる。

(19) バークリが一方で物質的実体の存在を否定しつつ他方で心的実体の存在を肯定するのは不合理ではないかという問題については、彼自身が『対話』第三版（一七三四年）の加筆箇所（*DHP* III 232–234 B）で論じている。そこで示されているのは、本章**1**で見た、私は私自身の存在を反省によって知るということや、私は精神の観念を持たないがその思念を持つということ、精神が観念を知ったり知覚したりするのを私が肯定するときに意味するものを私は知っているということなどである。そして、これらのことを根拠に、フィロナスの発言として、「それゆえ、概して、精神と物質の間には問題の同等性はない」（*DHP* III 234 B）と言われている。

(20) アサートンは、Atherton, 1983, 389-399 において、バークリの体系における心的実体の存在を擁護する議論を行なってはいるが、他方で、彼女は、同じ論文において、バークリの言う観念に対する(ジョージ・ピッチャーが示した)副詞説的な理解に好意的な見解を示している(Atherton, 1983, 395)。これらのことから、アサートンの解釈は、バークリの体系に心的実体の存在は認めるが観念と心の間の存在論的な相異性については(少なくとも積極的には)関与しない立場であるか、あるいは、ピッチャーの考え方に従って、非物質論における相異性テーゼは放棄する立場のいずれかになるものと思われる。

(21) アサートンは、このような考え方を示すにあたって、つぎのようなロックの見解を引用している。「だれであっても、自らが知覚していることを知覚することなしに知覚することは不可能である。われわれがなんらかの物を見たり聞いたり匂いをかいだり味わったり触れたり深く考えたり意志したりするときには、われわれは自らがそのようなことを行なっていることを知っているのである」(*Essay* 2.27.9)。そして、アサートンによれば、このような考え方はデカルトにも共有されている(Atherton, 1983, 397)。

(22) 第3章4では、バークリが示す文献上の証拠から、示唆という心のふるまいの主体が「心想(fancy)」と呼ばれているものと考えられることを検討した。また、本文中で示した本書の解釈(われわれが持つ観念とその観念に対する気づきの下層に独立した心的主体を想定するという考え方)に通じる心理学的な見解として、たとえば心理学者であるニコラス・ハンフリー(Nicholas Humphrey, 1943-)が示したつぎのような考え方が参考になるだろう。彼の考え方によれば、私(=自己)は多くの独立した「下位自己(sub-selves)」から構成されると想定した場合に、乳児から大人へと成長するにつれて、これらのさまざまな下位自己が互いに一つの自我に帰属するようになると考えられるが、そのようになるのは、それらのさまざまな下位自己が物理世界や社会世界を通じて私の心身を舵取りするという同一の企てに従事するからであり、このような大きな企てのうちには、感覚情報、知性、過去の知識、目標、判断、独創性などを私に与えるといったことが含まれる（Cf. Humphrey, 2002, 12）。なお、バークリは、『原理』第一部において、「精神（spirit）は、一つの単純で分割されない能動的な存在者である。それがさまざまな観念を知覚するとき、それは知性（*understanding*）と呼ばれ、それが観念を生む、あるいは、精神が観念に作用するとき、それは意志（*will*）と呼ばれる」（*PHK* 27）と言うように、彼は、心ないし精神が分割不可能な単一の存在者であることを認めているが、（伝統的な考え方に即して）その心ないし精神に知性や意志といった異なる機能を認めているのも事実である。

（23）　ロックの知覚表象説における物そのものの性質とそれによって引き起こされる観念が数的に異なるものであることについては、Tomida, 2005, 682; 冨田、二〇〇六、三七を参照。

第7章 バークリの非物質論の意義

序

本書では、バークリが唱えた非物質論とわれわれが日常的におのずと思い抱いているはずの常識的信念とがどの程度まで折り合う余地があるのか、あるいは、非物質論においてそのようなわれわれの常識的信念はどのような説明の仕方で認められるのかといったことを中心的な課題として、これまでおのおのの章において検討を行なってきた。本章では、これまでの検討内容を踏まえて、一八世紀に唱えられたバークリの非物質論という一つの学説に対して哲学史的な観点からどのような評価がなされうるのか（1）、そして、現代という時代において、そのようなバークリの非物質論という哲学にどのような意義が見出されうるか（2）について考察することによって、本書を総括したい。

1　非物質論の哲学史的観点からの意義

まずは、第2章から第5章において検討された、バークリの非物質論における可感的な物の存在のあり方をめぐる議論におもに焦点を当てて、その学説が哲学史的観点からどのように評価されうるかを検討しよう。さて、第1章（非物質論の基本体系）において、バークリの学問上のおもな動機の一つとして懐疑論批判があったことを確認したが、彼の懐疑論との対決姿勢は、心ないし神の存在に対する懐疑論だけでなく、われわれの身の回りの諸物の存在やそれらについての知識に対する懐疑論へも強く向けられていたことが、とくに第2章（可感的な物の実在性）、第3章（可感的な物に対する感官知覚の直接性）における議論から理解されたであろう。このことは、われわれの心の外にあると想定され、われわれの知覚経験によっては知られない物質の存在を認めることで、われわれは懐疑論に巻き込まれる（Cf. *PHK* 86–87）と論じられていることからもわかる。たしかに、物質論の想定する世界の枠組として、「物質・観念・心」の三つの存在者が認められ、まさに物質の存在のみが世界の真なる存在のあり方（実在）を示すと考えられるならば、われわれは物の実在を知覚できないことになり、さらに、物をあるがままに（直接）知覚できないということにもなる。これらのことから、第2章から第5章を通じた議論の中で、そこで検討された四つの論点（①可感的な物の実在性、②可感的な物に対する感官知覚の直接性、③可感的な物の存在の継続性と公共性、④現時点において知覚されていない可感的な物の存在）のうち、①と②に関する問題がバークリにとってとりわけ憂慮されることではなかったかと推察される。そして、彼は、上記の①の問題に関しては、（粒子仮説という科学的観点から）粒子の集合としての物質を実在とみなすのではなく、（日常的ないし常識的観点から）諸観念の集合体としての彼が言うところの「可感的な物」を実在とする存在論を提起したのだと考えることができる。また、上記の②の問題に関しては、彼は、物質論の枠組を構成する「物質・観念・心」という三項図式のうち、物質の存在を消去し、われわれの身の回りの物を観念の集合体とみなすことで、観念と心とが直接向き合う（＝心が物を直接知覚する）二項図式の知覚理論を唱えたのだと考えられる。すなわち、このような二項図式の知覚理論を採用することにより、われわれは、日常生活において、身の回りのさまざまな物を不十分な仕方で認知しているのではなく、それらを直接的に（あるがままに）知覚したり認識したりしていると理解することが可能になるというわけである。このような点で、バークリの非物質論の試みは、西洋古代から連綿と続く哲学的懐疑論との対決の流れのうちの一八世紀における一つのあり方としての評価がなされうるだろう。

つぎに、とりわけ第3章（可感的な物に対する感官知覚の直接性）と第5章（現時点において知覚されていない可感的な物の存在）における検討内容を通じて見出される非物質論の特徴から、その哲学史的な意義を考えてみよう。その特徴とは、非物質論の体系において、言語や記号の存在が大きな位置を占めているということである。非物質論は、集合体テーゼ・内属テーゼ・ＥＩＰテーゼによって、世界を私の心の中のさまざまな観念ないしそれらの集合体（可感的な物）とみなす。そのために、「はじめに」で見たように、彼の哲学は、しばしば独我論や主観的観念論というレッテルを貼られ、閉じた体系の哲学であるかのように考えられてきた。しかし、本書における検討内容を踏まえれば、そうではないことがわかるだろう。というのも、その体系の中で言語の存在が大きな位置を占めるということは、それを道具として通じ合う他者の存在が強く意識されているということでもあるからである。このようにバークリの非物質論において他者が強く意識される側面は、第4章4、5における可感的な物の公共的存在をめぐる議論や、第6章2における他我の存在についての議論といった直接的な場面で現われるだけでなく、可感的な諸物の存在や心の存在や働きを認める主張がなされる際に、われわれがその言葉の意味を知り、理解している（つまり、他者との言語使用が念頭に置かれている）と繰り返し言われているところにも現われている。また、第5章で見た、言語には他者の情念や行動を喚起させる働きがあるというバークリ独特の言語観からは、非物質論が世界の現象やわれわれの行動をたんにわれわれ自身の観念だけで記述するのではない広がりを持つことが示唆されていると考えることができる。さらに、第3章や第5章で見た、われわれの視覚的な距離把握などが「自然の創造主の普遍的な言語」によるものだとされている考え方からも、かりに私と無生物の世界だけが向き合うような状況を説明する際にも、その哲学体系内には、神の存在という「他者」が介在しているのだと理解することができるだろう。

以上のように、非物質論の体系内で他者の存在が大きな位置を占めることは、バークリの哲学上の姿勢ともつながっていると言えるだろう。先ほど論じた、非物質論が可感的な諸物の存在やそれらについての知識に向けられた懐疑論に対する批判の試みであったという話題に戻れば、バークリにとってそのような試みは、たんに学問の世界における学説上の問題ではなく、一般大衆という他者との関わりの中での問題であったということが指摘できるだろう。そして、このことは、第2章と第3章で取り上げた、可感的な物の実在性や可感的な物に対する感官知覚の直接性に関する問題との関連で、「率直に言うと、私の意見では、さまざまな実在物とはまさに私が見たり触れたりして、そして、感官によって知覚するものだ」(*DHP* III 229)、「同じく、色やそれ以外の可感的諸性質がさまざまな対象にあるというのも私の意見だ」(*DHP* III 229-230) と主張される際に、「私は一般人と同じ気質で、自らの感官を信じて、物を私が見知るがままにするほどに単純なのだ」(*DHP* III 229) と述べられていることから理解することができる。というのも、そこに見られるように、バークリは、懐疑論と対決する際にも、たんなる一学説上の課題としてでなく、常識人という彼にとっての多くの他者との関わりの中でそのような問題を考えていることが見て取れるからである。これらのことから、バークリの懐疑論批判の試みは彼の常識擁護の姿勢と密接な関わりがあったということが言えるだろう。以上のように、バークリの非物質論は、一見すると独我論のような体系に見えながらも強く他者の存在が意識されているという点で、哲学史的観点からその独自性を認めることができるだろう。

続いて、第6章における心の存在や働きをめぐる議論を基に、非物質論の哲学史的な意義を考えてみよう。そこで見られたように、バークリは、さまざまな説明の仕方を用いながら、私の心、他者の心、心の意志（心的原因）の存在や働きを認めていることがわかる。たしかに、バークリは、聖職者としての立場から、キリスト教が当然とみなす魂の存在を擁護するために、そのような主張を行なっているという側面は否定できないであろう。しかし、デカルト的な二元論やロック的な物質論のように、物質の存在を認めつつ心の存在も認める立場というのはありうる。明示的に述べられているわけではないが、バークリが物質の存在を否定し、かつ、物や観念がなにかの原因であることを認めないのには、科学的・機械論的な考え方が徹底されることにより、われわれの自由意志の存在が否定されることを恐れたのではないかということが推測される。[1] というのも、いったん物質の存在を認め、その物質に原因が内在すると想定されれば、物と物の間に成り立つ必然的な因果の連鎖によって、われわれの意志の働きまで身体レベルに還元されるという考えに至りうるからである。このように、バークリが非物質論を唱えた背景には、上記のような機械論的・決定論的な考え方との対決という側面があったのではないかと思われる。このような点で、非物質論は、物質の措定から唯物論へと至り、そこから決定論（そして自由意志の否定）へとおのずと導かれていくような思潮に対する一つの固有な対抗思想であったという哲学史的位置づけがなされうるだろう。

非物質論は、概して経験論や観念論の系譜に位置づけられてきたとはいえ、これまで見てきたように、そこにはバークリ独自の特徴が見出される。そして、以上のように、そのような彼の学説は、哲学史上に並列して存在するさまざまな問題との対決のうちの西洋一八世紀における一つのあり方であったと捉えることができるだろう。

2　非物質論の現代における意義

最後に、本書のこれまでの章を通じて見られる非物質論の基本的性格を基にして、現代におけるその意義を考察して、この書を締め括りたい。ところで、第2章から第5章を通じた、バークリ的な可感的な物の存在に関する問題を検討する中で、そこで取り上げられた四つの論点（①可感的な物の実在性、②可感的な物に対する感官知覚の直接性、③可感的な物の存在の継続性と公共性、④現時点において知覚されていない可感的な物の存在）のうち、①から③の問題に対しては、バークリの文献のうちに、より通俗的な説明の仕方と、哲学的ないし科学的で厳密な説明の仕方がともに考慮に入れられていると考えられることを見た(2)。第2章と第4章で検討した①と③の問題に対しては、より通俗的な説明の仕方が強調されているように思われるかもしれないが、これまでの本書の解釈を踏まえれば、バークリ自身の意図としても、より厳密と思われる議論を完全に捨て去っているわけではないと考えることができるだろう。また、第3章における②の問題と関係する論点としては、たとえば、距離の観念は視覚に固有のものではなく、厳密な意味で、視覚によって直接知覚されるものは光と色だけだという現代の視覚科学に通じる考え方も示されていた。また、第3章や第5章で検討されたように、バークリの立場では、観念間ないし物と物の間の因果関係については、そこに必然的な関係が認められないことから、それらの間の関係は厳密には記号関係として捉え直されることを見たが、彼の説においては、さまざまな観念の一連の順序が自然法則として認められ、そのような自然法則の把握がわれわれの生存の役に立つという考え方が確認された。

そして、第6章で検討した心の存在をめぐる問題に関しては、私の存在について、それは反省によって知られるというロック的な哲学的語法に従った説明の仕方が見出された一方で、われわれはその言葉の意味を知っているというわれわれの経験的事実に依拠したより通俗的な説明の仕方も見られた。他者の存在に関しては、基本的に彼は、われわれが互いに言語を通じて意思疎通しあっているという常識的信念に基づいて、他の心が存在することを想定しているように思われるが、私自身の存在を介して、他の心の存在を知るというようなより哲学的と言える説明の仕方も見られた。また、心の因果的な作用に関しても、われわれはそのようなことについての言葉の意味を知るという通俗的な説明の仕方も見られる一方で、とくにわれわれの自身の身体の運動に関しては、究極的には彼が示す神の存在が原因になっているという哲学的な説明の仕方が見られた。

以上のようなバークリの非物質論に見出される基本的性格を踏まえて、本書の考え方として示したいのは、このようなバークリの（悪く言えば）折衷的とも言える哲学的態度には、現代においても学ぶべき点があるように思われるということである。たとえば現代における「自由意志（free will）」をめぐる哲学的な議論において認められるように、われわれが、この種の問題を考えるとき、科学的な観点を徹底させれば、究極的には決定論や還元主義に至るように思われる。その一方で、常識的ないし社会的な立場からは、われわれにとって「自由」は容認されるべきものとして重要となる。(3) また、われわれが物のあり方について問題にするとき、科学的な立場からは、われわれの身の回りに存在するさまざまな物はそれ自体に色や匂いを持たない粒子の集合体として記述されるが、他方で、われわれは、常識的な立場からは、集合体テーゼによって諸観念の集合体を可感的な物とみなすバークリと似たような考え方で、物には色や味などがあると素朴に考える。心と物のどちらに関しても、その存在を、科学的に記述する場合と、常識的ないし社会的に記述する場合には、両者の説明のあり方に大きな隔たりがあると考えることができる[4]。そして、これらの隔たりのある立場による物や心に関する記述の関係がどうあるのか（すなわち、それらは両立する、あるいは、互いに近づくような関係にあるのか／一方が真で他方が偽といった具合に排他的な関係にあるのか／それらは同じ物事の異なる側面にあたる関係にあるのか／それらは、互いに相容れないが並行するような関係にあるのか、等々）が十分に理解されないままにいずれかの記述のみに肩入れすることは、たんに片方のみを真なるものと仮定して、他方を切り捨てているだけのようにも思われる。そして、両者の記述のあり方にもっともな面やわれわれの日常的な行為との間の密接なつながりが見られる場合には、それら両者の関係が明らかになるまではそれらをなんらかの仕方で維持するというのは、われわれがさまざまな難問に対処する際に選択されるべき一つの穏当な見方だと考えることができるだろう[5]。そして、このような点で、ある哲学的な問いに応答するにあたって、より通俗的な説明のあり方とより哲学的な説明のあり方を複合した仕方で保持しているものと想定されるバークリの哲学を理解することは現代においてもおおいに参考になることであるように思われる。というのも、先述の「物」や「自由意志」に関する記述において、二つの立場の間で隔たりが見られたのと同様に、さまざまな分野や現場において喫緊の課題として検討されるべきことがらも概して複数の互いに相容れない立場による記述のあり方が複合されて構成されたものだと考えられるならば、一見すると容易には相容れない原理や考え方が複合されて構成されているバークリの非物質論を読み解くことは、現在における複雑な問題に対する解決策を見出すことにつながるように考えられるからである。そして、そのように一見すると互いに相容れないように思われるさまざまな考え方が複合的な仕方で保持されているバークリの哲学には、上述したような現代におけるさまざまな困難や難局を切り開くためのヒントが含まれていると考えることができるのではないだろうか。

（1）　バークリが非物質論を提唱することによって、少なくとも心身問題の解消を一つの目的としていたことが理解される記述として、以下のようなものが挙げられる。『原理』第一部には、「粒子的実体（corporeal substance）は考えることができるのかどうか？　物質は無限に分割されうるのか？　また、物質は精神にいかに作用するのか？　これらのそしてこれらに類するさまざまな探究によって、あらゆる時代の哲学者たちは無数の楽しみを得てきた。しかし、それらの難問は物質の存在に基づいているので、われわれの諸原理〔＝非物質論〕ではそれらの難問にはどこにも居場所がないのである」（*PHK* 85）という記述がある。また、『対話』においては、フィロナスの発言として「形而上学において、抽象的存在者、実体的形相、質料的原理、可塑的自然、実体と偶有性、個体化の原理、物質の思考可能性、さまざまな観念の起源、精神と物質のような大きく異なる二つの独立した実体が互いにいかに相互に作用しあうのかという問題。これらのそしてこれらに類した無数の論点に関するどれほど難しくどれほど多くの探究をわれわれはたんに諸精神と諸観念を想定することによって免れるだろうか? もしわれわれが延長する諸物の絶対的存在を取り去るならば、数学でさえ、より明晰で容易なものになる」(*DHP* III 258)という記述がある。

(2) 物の存在についての知識に関するロックの議論においても、粒子仮説に基づいた「知覚表象的発言(representational statements)」と日常的な物の見方に基づいた「直接実在論的発言(direct-realistic statements)」が混在していることが見出されるという見解については、Tomida, 2005, 691–695; 冨田、二〇〇六、四九‐五六を参照されたい。

(3) 第6章注(6)で示したように、『アルシフロン』第七対話では、ユーフラナーの発言として「罪や報い、正義や見返りといった思念は、人びとの心の中においては、あらゆる形而上学的な探究よりも優先するものだ。そして、そのような既存の自然な思念によれば、人間に責任があり、人間は行為し自ら決定するというのは疑われないことだ」(*Alc* VII 316)と言われている。

(4) 二〇世紀以降の哲学が、物の存在についての科学的記述と常識的記述の間の乖離をどのように捉えてきたかということについては、中才、二〇〇八、四七‐七六を参照されたい。

(5) このような見解に対し、バークリは「物質」の存在を消去したではないかと言われるかもしれない。たしかに、彼は、われわれの知覚経験を説明する原理として妥当と思われる物質の存在を否定したが、第4章でも検討したように、その存在を心の方へと引きつけて、神の心の中の「原型」として認めているという解釈もありうる。そして、バークリが物質の存在を否定した理由の一つとして、懐疑論批判や常識擁護といった動機に加えて、物質の消去によって、物質から観念への因果関係やいわゆる心身問題といった哲学上の難問を除去する意図があったと思われること(*PHK* 85, *DHP* III 258)も考慮されるべき論点だろう。本文中で述べたとおり、異なる立場に基づいた、複数の相容れない記述を維持しつつ問題の解決にあたるという考え方は重要だと考えられるが、その一方で、解決がつくかわからない哲学上の難問を避けようというバークリの視点もわれわれが日々の生活を送る上で無視できないものだと考えられる。

【付記】

本書をまとめるにあたり、その論点ないし論述を利用したバークリおよび哲学一般に関する拙論は、以下のとおりである。

① 「バークリの非物質論における直接知覚の対象」(『アルケー』一九号、関西哲学会、二〇一一年)二〇四‐二一四頁。(第3章)

② 「バークリと危険回避の手段――ロックによる説明との比較」(『ヒューマンセキュリティ・サイエンス』六号、ヒューマンセキュリティ・サイエンス学会、二〇一一年)六一‐七六頁。(第5章)

③ 「非物質論と常識――バークリが擁護しようとした、知覚対象に関するわれわれの常識的信念は何か?」(『人間存在論』一八号、京都大学大学院人間・環境学研究科『人間存在論』刊行会、二〇一二年)七一‐八六頁。(第2章、第4章)

④ 「非物質論とはどのような考え方か――バークリ哲学から見出される多様な意義」松本啓二朗・戸田剛文編『哲学するのになぜ哲学史を学ぶのか』(京都大学学術出版会、二〇一二年)七一‐八六頁。(第1章、第2章、第4章、第5章、第6章、第7章)

⑤ 「私と他者」戸田剛文・松枝啓至・渡邉浩一編『哲学をはじめよう』(ナカニシヤ出版、二〇一四年)二一一‐四三頁。(はじめに)

あとがき

私がはじめて「哲学」という言葉を意識したときのことについては、それなりにはっきりとした記憶がある。それは、小学生の頃、おそらく母方の祖母の住む家でテレビを見ていたときのことで、そのとき見ていたのは、当時わりとよくあった一般参加型のある恋愛バラエティ番組だった。その番組には、おもに関西の大学生から構成される複数の男性参加者が障害物競争のようないくつかのゲームに挑戦し、優勝した一人が「かぐや姫」と呼ばれる女性に「愛の告白」ができるというコーナーがあったのだが、その日のかぐや姫は、東京の有名な私立大学の哲学科に在籍する女性で、彼女が最初に番組内で紹介された際に、司会者の一人が、「どうして哲学というとても難しい学問を勉強しようと思ったのですか?」といった質問をしていた。そのとき、私は、「どうやらテツガクというのは難しい学問の代表のようなものなのだな」などと思ったのを記憶している。

それらがそのときはじめて意識した哲学と関係するものだということを理解したのがいつだったのかについては記憶が定かではないが、私には、幼い頃から一般には大人とされる年代に至るまで、日常のさまざまな場面で、本書の「はじめに」で挙げたようなことを含むいくつかの哲学的な疑問がふと頭をよぎり、不思議な思いに取りつかれることがよくあった。たとえば、走り高跳びのような競技を見たりしたりする機会があれば、高跳びのバーの高さの上昇はほんの微々たるものであったとしても、それを飛び越えられることからそうできないことへと移行するという大きな質的変化が生じるというのがどういうことなのか、なんとも不思議な思いを抱いた。また、海に行くことがあれば、「海からひとすくいの量の水を取っても海であることには変わりはないが、もし海からすべての水を取り去ったら、それは海ではなくなるように思われる。しかし、ひとすくいの海水もすべての海水も等しく海を構成する部分なのだとしたら、このような違いをどのように考えればいいのか？」などといった疑問が湧き上がり、海を満喫するどころではないことがしばしばだった。

同じように私の頭をよぎった哲学的な疑問や不思議な感じは他にもいろいろあるが、このようなだれもが幼い頃に一度は思い抱くかもしれないような疑問から逃れることが大人になることだとすれば、私はなかなか大人になることのできない道のりをたどってきたのだと言えるだろう。私は、大学（学部）に入る以前に、自分が哲学に強い関心を抱いていることを自覚してはいたが、（先述のかぐや姫とは違って？）すすんで哲学科を志願するほどの強い気持ちを持てなかったこともあり、ひとまず哲学には関係のない学部に入り、そこで哲学や思想に関係のありそうな科目を履修したり、他学部が開講する哲学系の科目を受講したりすることで、刺激を受けていた。その当時お世話になった一人の先生が、のちに私が在籍することになる大学の大学院に進んで、専門的に哲学の研究をするよう勧めてくれて、一度はそのようなことを検討したものの、大学卒業後、哲学の世界とは別に憧れていた広告業界に運よく入り込んだ。広告会社の中で、私が長らく携わった営業という職種の仕事はやりがいがあり、たいそう充実した時間を過ごしていた。しかし、そのような充実した環境にあって、私の心を大きく動かす一つの出来事が起きた。二〇〇一年のいわゆる九・一一事件である。その日、私は、ある提案の準備で企画資料を作成するために遅くまで残業していた。すると、同じ営業フロアにいた隣の部署の同僚がその夜のニュース番組を映すテレビモニターを見ながら大声を上げているのに気づき、同じくその事件の映像を見て衝撃を受けた。その後、あるイベントの仕事現場で、当時とある大学院に在籍しながら芸能活動をしていた外国出身のあるタレントと同事件について意見を交わしたことなどを通じて、（私自身の力ではどうにもならないにしても）世界の中で互いに相容れない考え方を持つ人びとが争いを起こさず共存するための方法を模索することはできないか、などといった大それたことを考え始めるようになり、答えが見つかるかわからない、そのような大きな問題に近づくためには、ひとまず私としては、たとえば目の前に見える机が存在しているといった普通はだれも疑わないようなことをあえて疑ってかかる哲学という分野で扱われる問題を検討する必要があるのではないか、などと考えるようになった。同時に、これまで述べてきたような、自らが漠然と思い抱く哲学的な疑問に対しても、自分なりに一度真剣に向き合う必要があるのではないかという思いを強くした。

しかし、それまで本格的な哲学の手解きを受けたことがなかった私は、当時は、上記のような哲学的な疑問を先ほど述べたような仕方で言葉にできたわけでもなく、自分がぼんやりと思い抱くだけのさまざまな疑問について考える手がかりがつかめず、どのようにして哲学の勉強に取りかかればよいのか、皆目見当がつかなかった。そこで、私は、学部生時代にお世話になった哲学系の先生方に助言をもらいに行くことにした。その際、どの先生からも、まずは代表的な哲学者の文献を一つ選んで、その原典を読むことから始めることを勧められたものの、どの哲学者の文献を選べばよいのか、よくわからなかった。そうこうしているうちに、当時の勤務先の最寄り駅の構内にある書店で、一冊の新書に出合った。不思議なことに、それは、ちょうど二日ほど前に読み終えたばかりの新書と同じ作者によるシリーズ二作目の新刊で、それまでまったく見聞きしたことのなかったバークリという哲学者の考えを紹介する本だった。すぐさま買って読み進めると、バークリというのは、「目を閉じているときに、身の回りの世界は存在しているか？」といった、自分がこれまでずっと疑問に思い続けてきた問題と関わりの深いことについて論じている哲学者だということがわかった。その後、いろいろなことを経て、かつて学部生時代に入学を夢見たことのある大学の大学院に入ることが認められ、先ほどのバークリに関する著書の作者であり、その分野で国内外有数の研究者でもある先生を自らの指導教員として、直々に指導を仰ぐ恩恵に浴することとなり、さらに、こうしてバークリ哲学を研究対象とした著書を公表する幸運に恵まれることになった。

　このように、私は、通常の哲学研究者とはずいぶん違った経歴をたどっており、研究者が経る道のりとしてはたいそう遠回りをしている。周知のとおり、今後、わが国において人文学系の研究者が学問を続けるにあたっては、ますます厳しい環境となるであろうことが指摘されている。このような時代に、私のような者がいつまで哲学の研究を続けられるのかは心許ないが、これまで諸先生方から熱心にご指導いただいたことを糧にして、どのような環境にあっても、かつて抱いた思いを振り返りながら、目の前の課題に取り組んだりより大きな問題に少しでも近づいたりできるように精進したい。

本書は、平成二八年度に京都大学に提出した博士学位論文「バークリの非物質論と常識」を基にして、それに加筆修正を施したものである。また、本書の刊行にあたっては、平成二九年度京都大学総長裁量経費人文・社会系若手研究者出版助成を受けた。

本書が完成するまでに、多くの方々から多大なお力をいただいた。まずは、私の出身大学院である京都大学大学院人間・環境学研究科の先生方や職員の方々、同じく京都大学の他の部局の先生方や各図書館の方々、所属する学会や研究会などで普段からご指導を賜っている先生方などに深く感謝を申し上げたい。

本書の基になった学位論文を審査して下さった主査の冨田恭彦先生、副査の佐藤義之先生、安部浩先生、戸田剛文先生には謹んでお礼を申し上げたい。冨田先生には、哲学や研究に関してまったくの初心者であった私の指導教員を務めていただき、文献の読み方や論文の書き方などを一からご指導いただいた。本書用に学位論文を改稿するにあたっての注意も数々いただいたが、講義や演習のあとに喫茶店で、デカルト、ロック、バークリなどについて話を伺ったり私の考えを伝えたりしたことが、学位論文完成に至るまでのもっとも楽しい思い出である。佐藤先生には、学内の発表会で厳しい質問をいただき鍛えられたが、とりわけ学位論文の進捗について折に触れて気にかけていただいた。安部先生には、とくに修士論文の作成に苦慮して落ち込んでいたときに、たいそう励ましていただいた。戸田先生には、冨田先生同様、一から文献の読み方や論文の書き方などを教わった。会社員から転身し、しばらく学問の世界になじむのに困難を感じる時期があったが、なんとか環境に慣れることができたのは先生のおかげである。また、学内における講義や講演会で長らくお世話になっている神野慧一郎先生に心からの感謝を申し上げたい。博士後期課程に進学して間もない頃、まだ哲学の文献解釈がどういうことなのか思い悩んでいたときに、「(研究対象とする)相手を批判するのはいいが、批判するにはまず相手を一番強い状態にしてやらねばならない」という先生の言葉をお聞きできたのは大きかった。

そして、私が学部生時代に在籍していた甲南大学の講義や演習などでお世話になった、吉沢英成先生、故港道隆先生、吉岡洋先生に感謝を申し上げたい。当時これらの先生方から知的な刺激を受けることがなければ、私が研究の道へと進むことはなかっただろう。また、港道先生からの紹介で、大学院へと進むにあたってさまざまな助言をいただいた西欣也先生にもお礼を申し上げたい。

本書の刊行にあたっては、株式会社ナカニシヤ出版の石崎雄高さん、米谷龍幸さんにたいへんお世話になった。石崎さんには、緻密な編集作業と的確な提案によって本書をよりよい方向へと導いていただいた。米谷さんは、以前に共著書でお世話になった縁で、本書の刊行をお勧め下さり、タイトル案などの提案をいただいた。お二人をはじめとする同社のみなさまと関係者の方々に深く感謝を申し上げたい。

本書が完成に至ったのは、ある意味で私の孤独な格闘による面もあるが、多くは、上記の方々を含めた数多くの人びとに支えられたり励まされたりしてきたことによる。とりわけ、所属を問わず、同じく研究に勉めている諸先輩方や研究仲間の活躍、そして、分野はさまざまではあるが、それぞれの持ち場における友人知人の活躍に鼓舞されてきた。これらの人びとに加え、自分のこれまでの道のりの中でお世話になったり関わりがあったりしたすべての方々にお礼の気持ちを伝えたい。そして、最後に、これまで私を支えてきてくれた家族に感謝の意を表したい。

平成三〇年一月

山川　仁

岩波書店。

Umbaugh, Bruce. 2000. *On Berkeley*. Belmont: Wadsworth.

Urmson, J. O. 1982. *Berkeley*. Oxford: Oxford University Press.

Warnock, G. J. Reissued 1969. *Berkeley*. Middlesex: Penguin Books.

Winkler, Kenneth. P. 1989. *Berkeley: An Interpretation*. Oxford: Oxford University Press.

Woozley, A. D. 1976. "Berkeley's Doctrine of Notions and Theory of Meaning." *Journal of the History of Philosophy*, Volume 14, Number 4, 427-434.

Yandell, David. 1995. "Berkeley on Common Sense and the Privacy of Ideas." *History of Philosophy Quarterly*, Volume 12, Number 4, 411-423.

Cambridge: Cambridge University Press, Chapter 1, 1–21.
Reid, Thomas. 2010. *Essays on the Active Powers of Man*. eds. Haakonssen, Knud. and Harris, James. A. Pennsylvania: The Pennsylvania State University Press.
Rubens, Alan B. and Benson, D. Frank. 1971. "Associative Visual Agnosia." *Archives of Neurology*, 24, 305–316.
Russell, Bertrand. 1998. *The Problems of Philosophy*. Oxford: Oxford University Press. [ラッセル，バートランド 2005 高村夏輝訳『哲学入門』筑摩書房。]
Stoneham, Tom. 2002. *Berkeley's World: An Examination of the Three Dialogues*. Oxford: Oxford University Press.
Strathern, Paul. 2000. *Berkeley in 90 Minutes*. Chicago: Ivan R. Dee, Publisher.
Thomas, George H. 1976. "Berkeley's God Does Not Perceive." *Journal of the History of Philosophy*, Volume 14, Number 2, 163–168.
Tipton, I. C. 1966. "Berkeley's View of Spirit." In *New Studies in Berkeley's Philosophy*, ed. Warren Steinkraus. New York: Rinehart & Winston, 59–71.
戸田剛文 2007『バークリ――観念論・科学・常識』法政大学出版局。
Tomida, Yasuhiko. 2001. *Inquiries into Locke's Theory of Ideas*. Hildesheim: Olms.
―――. 2002. "Locke, Berkeley and the Logic of Idealism." *Locke Studies*, Volume 2: 225–238.
―――. 2005. "Locke's Representationalism without Veil." *British Journal for the History of Philosophy*, Volume 13, Number 4, 675–696.
―――. 2010. "The Lockian Materialist Basis of Berkeley's Immaterialism." *Locke Studies*, Volume 10: 179–197.
冨田恭彦 1991『ロック哲学の隠された論理』勁草書房。
――― 1996『アメリカ言語哲学の視点』世界思想社。
――― 2006『観念説の謎解き――ロックとバークリをめぐる誤読の論理』世界思想社。
――― 2017『カント哲学の奇妙な歪み――『純粋理性批判』を読む』

Philosophy. 〈http://plato.stanford.edu/entries/realism/〉.
Muehlmann, Robert. G. 1992. *Berkeley's Ontology*. Indianapolis: Hackett Publishing Inc.
中村雄二郎 1979『共通感覚論――知の組みかえのために』岩波書店。
中才敏郎 2008「科学と常識――ソーゼイン・タ・パイノメナ」中才敏郎・美濃正編『知識と実在――心と世界についての分析哲学』世界思想社，47-76 頁。
根無一信 2017『ライプニッツの創世記――自発と依存の形而上学』慶應義塾大学出版会。
Palmer, Stephen E. 1999. *Vision Science: Photons to Phenomenology*. Cambridge, Massachusetts: The MIT Press.
Pappas, George. 1982. "Berkeley, Perception and Common Sense." In *Berkeley: Critical and Interpretative Essays*. ed. Colin Turbayne. Minneapolis: University of Minnesota, 3-21.
――――. 1985. "Abstract Ideas and the '*esse*' is '*percipi*' Thesis." *Hermathena* 139, 47-62.
――――. 1987. "Berkeley and Immediate Perception." In *Essays on the Philosophy of George Berkeley*. ed. Ernest Sosa. Dordrecht: D. Reidel Publishing Company, 195-213.
――――. 2008. "Berkeley's Treatment of Skepticism." In *The Oxford Handbook of Skepticism*. ed. John Greco. Oxford: Oxford University Press, 249-264.
Pitcher, George. 1977. *Berkeley*. London: Routledge.
――――. 1981. "Berkeley on the Mind's Activity." *American Philosophical Quarterly*, 18, 221-227.
――――. 1986. "Berkeley on the Perception of Objects." *Journal of the History of Philosophy*, Volume 24, Number 1, 99-105.
Popkin, Richard. H. 1979. *The History of Scepticism from Erasmus to Spinoza*. Berkeley and Los Angels: University of California Press.
Psillos, Stathis. 2007. *Philosophy of Science A-Z*. Edinburgh: Edinburgh University Press.
Putnam, Hilary. 1982. "Brains in a Vat." In *Reason, Truth, and History*,

――――. Reissued 1967. *Berkeley and Malebranche*. Oxford: Clarendon Press.

――――. 1968a. "Berkeley's Existence in the Mind." In *Locke and Berkeley: A Collection of Critical Essays*. eds. C. B. Martin and D. M. Armstrong. Notre Dame: University of Notre Dame Press, 284-295.

――――. Reissued 1968b. *Berkeley's Immaterialism*. New York: Russell & Russell.

Mabbott, J. D. 1968. 'The Place of God in Berkeley's Philosophy.' in *Locke and Berkeley: A Collection of Critical Essays*. eds. C. B. Martin and D. M. Armstrong . Notre Dame: University of Notre Dame Press, 364-379.

Malebranche, Nicolas. 2006. *De la Recherche de la Vérité*, Livre I-III. éd. Jean-Christophe Bardout. Paris: Vrin. [Malebranche, Nicolas. 1997. *The Search after Truth*, translated by Thomas M. Lennon and Paul J. Olscamp. Cambridge: Cambridge University Press.]

松枝啓至 2016『懐疑主義』京都大学学術出版会。

McCracken, Charles. J. 1979. "What *Does* Berkeley's God See in the Quad?." *Archiv für Geschichte der Philosophie*, Volume 61, 280-292.

――――. 1995. "Godless Immaterialism: On Atherton's Berkeley." In Berkeley's Metaphysics: Structural, Interpretive, Critical Essays. ed. Robert G. Muehlmann. Pennsylvania: The Pennsylvania State University Press, 249-260.

――――. 1999. "Berkeley's Notion of Spirit." In *The Empiricists: Critical Essays on Locke, Berkeley, and Hume*. ed. Margaret Atherton. Lanham: Rowman & Littlefield Publishers, 145-152.

McCracken, C. J. and Tipton, I. C. 2000. *Berkeley's Principles and Dialogues: Background Source Materials*, Cambridge: Cambridge University Press.

McDonough, Jeffery K. 2008. "Berkeley, Human Agency and Divine Concurrentism." *Journal of the History of Philosophy*, Volume 46, Number 4, 567-590.

Miller, Alexander. 2002/2014. "Realism." *Stanford Encyclopedia of*

ーム，デイヴィッド 1995 木曾好能訳『人間本性論 第一巻 知性について』法政大学出版局。]

Humphrey, Nicholas. 2002. *The Mind Made Flesh: Frontiers of Psychology and Evolution*. Oxford: Oxford University Press. [ハンフリー，ニコラス 2004 垂水雄二訳『喪失と獲得——進化心理学から見た心と体』紀伊國屋書店。]

Hutton, Sarah. 2015. *British Philosophy in the Seventeenth Century*. Oxford: Oxford University Press.

Jacquette, Dale. 1985. "Berkeley's Continuity Argument for the Existence of God." *The Journal of Religion*, Volume 65, 1-14.

Johnston, G. A. 1923. *The Development of Berkeley's Philosophy*. London: Macmillan And Co., Limited.

Kant, Immanuel. 1998. *Kritik der reinen Vernunft*. ed. Jens Timmermann (Philosophische Bibliothek, 40). Hamburg: Felix Meiner. [カント，イマヌエル 2004 宇都宮芳明監訳『純粋理性批判(上)』以文社。]

———. 1969. *Prolegomena zu einer jeden künftigen Metaphysik*, ed. Karl Vorländer (Philosophische Bibliothek, 505). Hamburg: Felix Meiner. [カント，イマヌエル 1977 篠田英雄訳『プロレゴメナ』岩波書店。]

Lambert, Richard T. 1982. "Berkeley's Commitment to Relativism." In *Berkeley: Critical and Interpretive Essays*. ed. Colin Turbayne. Minneapolis: University of Minnesota, 22-32.

Lee, Sukjae. 2012. "Berkeley on the Activity of Spirits." *British Journal for the History of Philosophy*, Volume 20, Number 3, 539-576.

Locke, John. 1975. *An Essay Concerning Human Understanding*. ed. Peter H. Nidditch. Oxford: Oxford University Press. [ロック，ジョン 1974 大槻春彦訳『人間知性論（一・二・三・四)』岩波書店。]

Luce, A. A. 1949. *The Life of George Berkeley Bishop of Cloyne*. London: Routledge/ Thoemmes Press.

———. 1963. *The Dialectic of Immaterialism*. London: Hodder and Stoughton.

Duncan, Stewart. 2009/2017. "Thomas Hobbes." *Stanford Encyclopedia of Philosophy*. 〈http://plato.stanford.edu/entries/hobbes/〉.

Frankel, Melissa. 2012. "Berkeley and God in the Quad." *Philosophy Compass*, Volume 7, Issue 6, 388-396.

藤田一郎 2007『「見る」とはどういうことか――脳と心の関係をさぐる』化学同人。

Fish, William. 2010. *Philosophy of Perception*. New York: Routledge.［フィッシュ，ウィリアム 源河亨・國領佳樹・新川拓哉訳 2014『知覚の哲学入門』勁草書房。］

———. 1968a. "Berkeley and the Tree in the Quad." In *Locke and Berkeley: A Collection of Critical Essays*. eds. C. B. Martin and D. M. Armstrong. Notre Dame: University of Notre Dame Press, 400-408.

———. 1968b. "Berkeley on Relations, Spirits and Notions." *Hermathena* 106, 60-66.

Gallois, Andre. 1974. "Berkeley's Master Argument." *Philosophical Review*, Volume 83, Number 1, 55-69.

Grave, S. A. 1968. 'The Mind and Its Ideas: Some Problems in the Interpretation of Berkeley." In *Locke and Berkeley: A Collection of Critical Essays*. eds. C. B. Martin and D. M. Armstrong. Notre Dame: University of Notre Dame Press, 296-313.

Grayling, A. C. 2005. "Berkeley's Argument for Immaterialism." In *The Cambridge Companion to Berkeley*. ed. Kenneth P. Winkler. Cambridge: Cambridge University Press, 166-189.

Grey, Denis. 1952. "The Solipsism of Bishop Berkeley." *The Philosophical Quarterly*, Volume 2, Number 9, 338-349.

Helmholtz, H. von. 1925. *Treatise on Physiological Optics*, Vol. III（Translated from the Third German Edition）ed. James P. C. Southall. New York: Dover Publications.

Hight, Marc A. 2005. "Defending Berkeley's Divine Ideas." *Philosophia* 33, 1-4, 97-128.

Hume, David. 2000. *A Treatise of Human Nature*. eds. David Fate Norton and Mary J. Norton. Oxford: Oxford University Press.［ヒュ

University Press.

Berman, David. 1993. *George Berkeley Alciphron in Focus*. ed. David Berman. London: Routledge.

———. 1994. *George Berkeley: Idealism and the Man*. Oxford: Clarendon Press.

Bordner, S. Seth. 2011. "Berkeley's 'Defense' of 'Commonsense.'" *Journal of the History of Philosophy*, Volume 49, Number 3, 315–338.

Boswell, James. 1924. *Boswell's Life of Johnson in Two Volumes* (volume 1). Oxford: Oxford University Press.

Bracken, Harry. M. 1959. *The Early Reception of Berkeley's Immaterialism: 1710–1733*. The Hague: Martinus Nijhoff.

Butler, Joseph. Reprint 1995. *The Works of Joseph Butler*, Vol. 1. ed. W. E. Gladstone. Oxford: Clarendon Press.

Crane, Tim. 2005/2011. "The Problem of Perception." *Stanford Encyclopedia of Philosophy*. 〈http: //plato. stanford. edu/entries/perception-problem/〉.

Dancy, Jonathan. 1987. *Berkeley: An Introduction*. Oxford: Basil Blackwell.

Davis, John. W. 1959. "Berkeley's Doctrine of Notion." *Review of Metaphysics*, Volume 12, Number 3, 378–389.

Descartes, René. 1982. *Oeuvres de Descartes*, Vol. VI. éds. Charles Adam et Paul Tannery. Paris: Librairie Philosophique J. Vrin. [デカルト, ルネ 2001 野田又夫・井上庄七・水野和夫・神野慧一郎訳『方法序説ほか』中央公論新社。]

Dicker, George. 1982. "The Concept of Immediate Perception In Berkeley's Immaterialism." In *Berkeley: Critical and Interpretive Essays*. ed. Colin Turbayne. Minneapolis: University of Minnesota, 48–66.

———. 2011. *Berkeley's Idealism: A Critical Examination*. Oxford: Oxford University Press.

Downing, Lisa. 2004/2011. "George Berkeley." *Stanford Encyclopedia of Philosophy*. 〈http://plato.stanford.edu/entries/berkeley/〉.

———. 1995. "Berkeley without God." In Berkeley's Metaphysics: Structural, Interpretive, Critical Essays. ed. Robert G. Muehlmann. Pennsylvania: The Pennsylvania State University Press, 231-248.

———. 2008a. "The Objects of Immediate Perception." In *New Interpretation of Berkeley's Thought*. ed. Stephen H. Daniel. New York: Humanity Books, 107-119.

———. 2008b. "'The Books Are In the Study as Before': Berkeley's Claims about Real Physical Objects ." *British Journal for the History of Philosophy*, Volume 16, Number 1, 85-100.

Austin, J. L. Reprinted 1979. *Sense and Sensibilia*. Oxford: Clarendon Press. [オースティン, J・L 丹治信治・守屋唱道訳 1984『知覚と言語——センスとセンシビリア』勁草書房。]

Ayer, Alfred. Jules. Second Edition 1952. *Language, Truth and Logic*. New York: Dover Publications. [エイヤー, A・J 吉田夏彦訳 1955『言語・真理・論理』岩波書店。]

Ayers, M. R. 1987. "Divine Ideas and Berkeley's Proofs of God's Existence." In *Essays on the Philosophy of George Berkeley*. ed. E. Sosa. Dordrecht: D. Reidel Publishing Company, 115-128.

Baxter, Donald. L. M. 1991. "Berkeley, Perception, and Identity." *Philosophy and Phenomenological Research*, Volume 51, Number 1, 85-98.

Bettcher, Talia. Mae. 2008a. "Berkeley's Dualistic Ontology." *Análisis Filosófico*," XXVIII, Number 2: 147-173.

———. 2008b. "Berkeley on Self-Consciousness." In *New Interpretation of Berkeley's Thought*. ed. Stephen H. Daniel. New York: Humanity Books, 179-202.

Bennett, Jonathan. 1968. "Berkeley and God." In *Locke and Berkeley: A Collection of Critical Essays*. eds. C. B. Martin and D. M. Armstrong. Notre Dame: University of Notre Dame Press, 380-399.

———. 1971. *Locke, Berkeley, Hume: Central Themes*. Oxford: Clarendon Press.

———. 2005. *Learning from Six Philosophers*, Vol. 2. Oxford: Oxford

参考文献

・参考文献は，本書で引用ないし参照したものに限る。
・欧語文献と邦語文献を区別することはせず，アルファベット順に記載する。
・翻訳の際，原典に続いて挙げた邦語訳文献を適宜参考にした。

①バークリ自身による文献

Berkeley, George. 1948-57. *The Works of George Berkeley,* Bishop of Cloyne, 9 vols. eds. A. A. Luce and T. E. Jessop. London: Thomas Nelson.

———. 1998. *A Treatise concerning the Principles of Human Knowledge.* ed. Jonathan Dancy. Oxford: Oxford University Press.

バークリ，ジョージ 1958 大槻春彦訳『人知原理論』岩波書店。

——— 1990 下條信輔・植村恒一郎・一ノ瀬正樹訳『視覚新論』勁草書房。

——— 2008 戸田剛文訳『ハイラスとフィロナスの三つの対話』岩波書店。

②その他の著作ないし参考文献（編著者のアルファベット順）

Allaire, Edwin, B. 1963. "Berkeley's Idealism." *Theoria,* 29, 229-244.

Alquié, Ferdinand. 1977. *Malebranche et le rationalisme chrétien.* Paris: Seghers.［アルキエ，F 藤江泰男訳 2006『マルブランシュ——マルブランシュとキリスト教的合理主義』理想社。］

Armstrong, D. M. 1961. *Perception and the Physical World.* London: Routledge & Kegan Paul.

———. 1989. *Universals: An Opinionated Introduction.* Boulder: Westview Press.［アームストロング，デイヴィッド・M 秋葉剛史訳 2013『現代普遍論争入門』春秋社。］

Atherton, Margaret. 1983. "The Coherence of Berkeley's Theory of Mind." *Philosophy and Phenomenological Research,* Volume 43, Number 3, 389-401.

タ　行

ナ　行

ハ　行

マ・ヤ・ラ　行

事項索引

ア　行

カ　行

サ　行

ナ　行

ハ　行

マ　行

ヤ・ラ　行

人名索引

ア　行

カ　行

サ　行

タ　行

著者紹介
山川　仁（やまかわ　まさし）

1970年，奈良県生まれ。1994年，甲南大学経済学部卒業。株式会社大広勤務（1994年－2005年）を経て，2016年，京都大学大学院人間・環境学研究科博士後期課程修了，京都大学博士（人間・環境学）。現在，京都大学大学院人間・環境学研究科研究員，京都府医師会看護専門学校，和歌山国際厚生学院，滋賀県済生会看護専門学校非常勤講師。著書（共著）に『哲学するのになぜ哲学史を学ぶのか』（京都大学学術出版会，2012年），『哲学をはじめよう』（ナカニシヤ出版，2014年），論文に「バークリの非物質論における直接知覚の対象」（『アルケー』19号，2011年），「バークリと危険回避の手段――ロックによる説明との比較」（『ヒューマンセキュリティ・サイエンス』6号，2011年），訳書（共訳）にカール・ポパー著『カール・ポパー社会と政治――「開かれた社会」以後』（ミネルヴァ書房，2014年）がある。

孤独なバークリ
――非物質論と常識――

2018年 3 月16日　初版第1刷発行

著　者　山川　仁
発行者　中西　良
発行所　株式会社ナカニシヤ出版
〒606-8161　京都市左京区一乗寺木ノ本町15番地
Telephone　075-723-0111
Facsimile　075-723-0095
Website　http://www.nakanishiya.co.jp/
Email　iihon-ippai@nakanishiya.co.jp
郵便振替　01030-0-13128

装幀＝白沢　正／印刷＝創栄図書印刷

ISBN978-4-7795-1231-5